MARCO MEDA
AUTOR DO CURSO EM LIVRO
"ENEAGRAMA DAS PERSONALIDADES"

DESPERTAR

FUNDAMENTOS E TÉCNICAS DA
PNL SISTÊMICA E DA HIPNOSE ERICKSONIANA

Para você desvendar os SEGREDOS de sua mente INCONSCIENTE em busca de LIBERTAR-SE de padrões do PASSADO que já não lhe interessam mais.

SÉRIE DESPERTAR DA PNL

Coordenação
Andréia Roma

01 Livro

Editora **Leader**

Copyright© 2020 by Editora Leader
Todos os direitos da primeira edição são reservados à Editora Leader

Diretora de projetos:	Andréia Roma
Revisão:	Editora Leader
Capa:	Luis Meda
Projeto gráfico e editoração:	Editora Leader
Livrarias e distribuidores:	Liliana Araújo
Atendimento:	Rosângela Barbosa
Gestora de relacionamento:	Juliana Correia
Organização de conteúdo:	Tauane Cezar e Milena Mafra
Diretor financeiro:	Alessandro Roma

Dados Internacionais de Catalogação na Publicação (CIP)
Bibliotecária responsável: Aline Graziele Benitez CRB-1/3129

M32d   Meda, Marco
1. ed.   Despertar, v. 1 | Marco Meda, Andreia Roma.
             1 ed. – São Paulo: Leader, 2019.

             ISBN: 978-85-5474-082-5

             1. Comportamento. 2. PNL.
             I. Roma, Andreia. II. Título.

CDD 158.1

Índices para catálogo sistemático:
1. Comportamento: PNL

2020

Editora Leader Ltda.

Escritório 1:
Depósito de Livros da Editora Leader
Rua Eratóstenes Azevedo, 204
Jd. São José – São Paulo – SP – 02969-090

Escritório 2:
Av. Paulista, 726 – 13° andar, conj. 1303
São Paulo – SP – 01310-100

Contatos:
Tel.: (11) 3991-6136
contato@editoraleader.com.br | www.editoraleader.com.br

Introdução da editora

A Programação Neurolinguística (PNL) é definida como o estudo da estrutura da experiência humana subjetiva. Ela crê que todo o comportamento tem uma estrutura a partir de padrões linguísticos. O Dr. Richard Bandler e John Grinder (criadores da PNL) construíram modelos que podem fazer com que o nosso cérebro funcione em um potencial muito mais elevado.

De acordo com Bandler:

> "A PNL foi especificamente criada para nos permitir fazer a mágica, criando novas maneiras de entender como a comunicação verbal e não verbal afetam o cérebro humano. Desta forma ela se apresenta como uma oportunidade não só de comunicarmo-nos melhor com nós mesmos e com os outros, mas também, de aprender como obter maior controle sobre o que nós consideramos funções automáticas da nossa própria neurologia".

Como editora, agradeço ao autor, Marco Meda, que é Fundador do Grupo Meda Academy e da MEDA – Minha Escola de Autoconhecimento, de Serra Negra-SP, pela disposição em escrever esta nova SÉRIE DA PNL, que elucidará várias técnicas e aprendizados lincados ao tema Programação Neurolinguística, abordando conhecimentos que colaboram para o desenvolvimento pessoal e profissional.

Marco Meda e eu, Andréia Roma, convidamos você, leitor, a comemorar conosco o lançamento deste 1º volume desta SÉRIE DA PNL.

Esperamos que cada livro dessa Coleção possa despertar você para viver melhor o aqui e agora!

Andréia Roma
Fundadora, diretora de projetos e
CEO da Editora Leader

Agradecimentos

*Agradeço ao Grande Mistério que ofereceu a oportunidade
de relembrar a minha TransMissão nesta existência.
A Grande Fraternidade Branca que tem amparado
os novos trabalhos.
Aos Apus de Machupicchu e ao Xamanismo Andino
que pulsa em meu sangue.
A gratidão é suprema...*

*Ao Papai e Mamãe que perceberam que o caminho era mergulhar
na mente inconsciente e desvendar os segredos pelas terras da
Montanha Mágica
e assim poder multiplicar este conhecimento
ao maior número de pessoas possível.
A distância nos une!*

*Minha parceira incondicional e amada Josi Meda,
Meu trio de pequenos gigantes Biel, Bella e Bia...
"Cadê o Papai?! Tá escrevendo?"
A ausência ainda é suportável...*

Gratidão querida "Tia" Leyde Christina Resende e minha amiga Nathália Quintela pelo apoio nas jornadas das sombras. Na escuridão é que acendo a luz...

A minha linda equipe MEDA que vira noites e jornadas comigo, acreditando na possibilidade de entregarmos ferramentas que vão reprogramar mentes com foco no amor e na felicidade. Amo vocês...

Aos mestres Milton Erickson, Virginia Satir, Richard Bandler, John Grinder, Tony Robbins, Robert Dilts e Stephen Paul Adler, profunda reverência e respeito. Modelagem, inspiração e segurança...

Ao meu grande amigo e mestre Nicolai Cursino que jogou nos campos necessários e nos buracos mais inesperados, para a cura que habilitou este trabalho. O Deus que habita em mim saúda o Deus que habita em você amigo!

A VOCÊ buscador de Autoconhecimento da MEDA que decidiu mergulhar neste despertar. Minha transmissão tem eco...

Prefácio

Foi com muita alegria que recebi o convite para escrever o prefácio do livro "DESPERTAR" do querido Marco Meda, uma pessoa muito especial que a vida me presenteou.

Fiquei realmente surpresa e encantada com o conteúdo super rico desse livro. Já li mais de 200 obras literárias falando sobre "Programação Neurolinguística" ao longo da minha carreira de mais de 25 anos.

Tenho estudado essa Ciência Arte do Ser, como carinhosamente gosto de chamar, há 30 anos, tive a honra de aprender PNL com alguns dos Cocriadores mais importantes do mundo, dentro e fora do Brasil, também treinei mais de 18 mil alunos ao longo da minha jornada.

O que mais me impressionou foi o formato inteligente dessa obra, um livro curso que apresenta a teoria com uma linguagem muito clara e as práticas muito bem colocadas, de forma tal que qualquer pessoa pode fazer sozinha.

O Despertar é um excelente livro para quem ainda não conhece essa ferramenta magnífica que é a Programação Neurolinguística Sistêmica. E para quem já conhece a PNL, é um guia prático incrível de estudo.

Indico essa leitura a qualquer pessoa que esteja em busca de desenvolvimento pessoal ou profissional de qualquer área de atuação.

Sem dúvida nenhuma, esse livro do Marco Meda superou minhas expectativas!

Já participei de alguns eventos do Marco Meda e sempre me surpreendo com a maestria que ele conduz lindos processos terapêuticos, e com o livro não podia ser diferente, sou uma grande admiradora do seu trabalho.

Parabéns Andréia Roma pela coordenação de mais uma obra literária incrível, como sempre a Editora Leader se destaca em apoiar esse lindo universo que é o autoconhecimento!

Parabéns Marco Meda por compartilhar sua missão e sua luz com todas as pessoas que querem uma verdadeira transformação do Humano no Ser, que você possa Despertar muitas mentes.

Tenho certeza que essa obra vai inspirar você como me inspirou.

Marcia Muniz

Diretora Nacional da ABRATH-Associação Brasileira dos Terapeutas Holísticos.
Diretora do Instituto Marcia Muniz.
Idealizadora do Congresso Brasileiro de PNL, Coach e Hipnose o "Transformação".
Coautora dos livros: PNL e Coach e Eneagrama com PNL.
Coordenadora do livro: PNL para Advogados

Inspiração

Cada passo que dou, é um passo Sagrado.
Cada passo que dou, é um passo Curador.
Entrego, Confio, Aceito e Agradeço.
Juntos formamos a roda do amor.

A Grande Invocação

*Do ponto de Luz na Mente de Deus
Flui a Luz das mentes dos homens,
A Luz está na Terra!*

*Do ponto de Amor no coração de Deus
Expande-se o Amor dos corações dos homens,
Cristo desceu à Terra!*

*Do centro onde a Vontade de Deus é conhecida,
Guia, soberano, o Propósito Divino,
Que os Mestres conhecem e a que servem.*

*Do centro a que chamamos de raça dos homens,
Cumpre-se o Plano de Amor e Luz,
Pois murada está a porta de onde vinha o mal!*

A Luz, o Amor e o Poder restabeleceram o Plano na Terra! Assim é!

Sumário

Introdução 17

Capítulo #01 - Por que estudar PNL? 22
1.1. Basicamente o que é a PNL? 27
1.2. Por que aprender PNL e Hipnose?... 28
1.3. Quais os benefícios que vou ter com a PNL e Hipnose?............ 29
1.4. O que na prática irei fazer com a PNL e Hipnose? 30
1.5. A nossa PNL tem uma pegada espiritual? 31
1.6. Como funciona a nossa trilha de cursos e formações em PNL? 32
1.6.1. O Nível I - Despertar 33
1.6.2. O Nível II - Curar 34
1.6.3. O Nível III – Transformar (A Jornada do Herói)........................ 35
1.6.4. O Nível IV – Transmitir / Practitioner................................. 35

Capítulo #02 - O que é PNL?... 38
2.1. Qual o objetivo da PNL? 41

2.2. A modelagem do sucesso 43
2.3. Tudo é estratégia mental 46
2.4. O estudo da experiência subjetiva humana 48
2.5. Um pouco da história da PNL e as gerações 50

Capítulo #03 - Os Pilares e as Pressuposições 54
3.1. O Rapport 56
3.2. Os pilares da PNL 61
3.3. As pressuposições da PNL 64
3.4. O consciente e o inconsciente 76
3.5. Mapas e filtros 81
      3.5.1. Generalização 85
      3.5.2. Omissão 87
      3.5.3. Distorção 88

Capítulo #04 - Os Metamodelos Linguísticos 90

Capítulo #05 - A Estrutura da PNL 96
5.1. Segmentação 104
5.2. Associado e dissociado 107
5.3. Sistemas representacionais 109
5.4. Submodalidades 114
5.5. Calibragem 116
5.6. Ancoragem 118
5.6.1. Instalação da Âncora 120
5.6.2. Técnica para Ancoragem 121

Capítulo #06 - A Hipnose Ericksoniana 124
6.1. A Hipnose de Milton Erickson 127
6.2. A Hipnose diretiva e a permissiva 129
6.3. Técnica do relaxamento 131

6.4. Técnica para reduzir uma dor física 133
6.5. Técnica para aprofundar o relaxamento 134
6.6. Modelo Milton 136
6.7. O poder das metáforas 139
6.8. Técnica do ensaio mental 140

Capítulo #07 - Os Níveis Neurológicos 144
7.1. A escala de níveis 147
7.2. Entendendo na prática os níveis neurológicos 149
7.3. Técnica dos níveis neurológicos 151

Capítulo #08 - As Técnicas Do Nível 1 152
8.1. Acolhimento de sentimentos difíceis 154
8.2. Posições perceptivas 156
8.3. Reimprinting 158

Referências 160

Introdução

Eu não sei explicar com a mente, mas sei sentir com o coração... desde o primeiro dia que eu senti a Programação Neurolinguística pela primeira vez eu sabia que ela iria virar a minha vida de cabeça para baixo! Era 1998, e eu estava terminando a minha graduação em Análise de Sistemas em Ribeirão Preto – SP, e o TCC que escolhi para trabalhar era sobre como os softwares de computadores podiam imitar a mente humana. Na época eu só sabia programar computadores e estudava Inteligência Artificial para o meu trabalho de conclusão da faculdade.

No meio destes estudos, me deparei com um "cara da computação" na Califórnia chamado Richard Bandler, o qual havia se juntado com um professor de Linguística chamado John Grinder e juntos criaram um negócio chamado META, que do grego significa "além de...". Eles estudavam padrões de linguagens humanas que definiam como funcionava o cérebro das pessoas, e consequentemente verificaram a similaridade com o funcionamento de um computador.

O nome META foi logo batizado de PNL (Programação Neurolinguística), seus estudos foram expandidos e Bandler e Grinder começam então a combinar os conhecimentos de computação e linguística, trazendo para a realidade humana, modelando terapeutas com habilidades não-verbais, para desenvolver a LINGUAGEM DA MUDANÇA.

OPA! Parei na hora de estudar a tal da Inteligência Artificial e o meu TCC mudou para estudar a PNL. E assim me formei em 1999 apresentando uma maluquice (segundo o meu orientador), uma tal de PNL que me rendeu nota 10 no TCC.

A partir deste dia, eu que achava que seria um Programador de Computadores, como me formei lá em Ribeirão Preto, virei um Terapeuta Transpessoal com uma base muito sólida na PNL Sistêmica. Enfim, um dia te conto em mais detalhes como foi essa virada... mas garanto, ela levou uns bons 20 anos...

E é por isso que eu e você estamos aqui hoje! Vamos juntos mergulhar no mundo da Programação Neurolinguística Sistêmica, unindo a ciência da nossa linguagem interna, dos nossos padrões mentais de funcionamento e comportamento para propor mudanças em níveis neurológicos que irão ressignificar o seu passado, transmutar os seus traumas, acolher os seus medos com foco em uma nova vida, repleta de felicidade e amor. E por que não ainda juntar tudo isso a transcendência espiritual?

Portanto, seja bem-vindo ao seu Curso de Formação em Programação Neurolinguística Sistêmica e Hipnose Ericksoniana Nível 1.

Este livro que você tem agora em mãos, é fruto de mais de 15 anos trabalhando com a PNL, seja em atendimentos individuais atrelados ao coaching, a processos terapêuticos e principalmente condução de programas de desenvolvimento humano em cursos, palestras e treinamentos. Afirmo que 50% do que está descrito neste livro tem bases lógicas, científicas e validadas pelos melhores nomes da PNL mundial, os outros 50% não sei explicar com bases cartesianas de onde vem, só sei que vem. Vem do alto, do céu, do Plano Divino, que me entrega cada vez mais lindos Downloads de informações, conhecimento e atuações para tornar a PNL uma verdadeira ferramenta de cura emocional e espiritual. E por que não dizer curas em níveis racionais que geraram curas em nível físico!

Lembro do dia em que ela chegou surtada, apavorada, mergulhada no medo...

Tomava remédios diariamente, para dormir, para acordar, enfim, segundo ela, para viver.

Uma técnica. Sim, uma única técnica da PNL Sistêmica em Serra Negra, recebi a informação do que deveria ser feito: técnica + intuição com amor.

De alma para alma, e ela nunca mais tomou medicamentos.

Cura? Com certeza!

Eu curador? Não... ela mesma.

Só ofereci a PNL e entreguei o que era permitido a ela...

Quando chegou em casa, ela teve receio de contar ao marido (Médico) que havia parado de tomar remédios...

meses depois o maridão perguntou porque ela estava tão bem.

E ela contou que uma tal de PNL havia salvado a vida dela e os remédios já eram!

Este médico (o marido) me indicou várias pacientes dele...

Uma delas chegou em meio a Crise do Pânico...

Bom! O ciclo girou e você já suspeita o final da história da paciente do médico...

Salve a PNL!

Guardo esta história e muitas outras em meu coração. Pois a cada dia vejo mais e mais processos lindos de cura mental, física, emocional e espiritual com a PNL. Casos de buscadores que possuíam conflitos horríveis com seus pais e hoje, através de uma técnica PNL vivem em perfeita harmonia. Casos mais simples como dores crônicas de cabeça e ansiedade, para uma liberdade total de paz, foco e serenidade após a PNL. Buscadores com o corpo todo machucado de alergias e doenças autoimunes que com o passar dos meses, voltam a vida normal e a "doença" não existe mais. Sem contar inúmeros casos de abusos morais, sexuais e estupros na infância aos 2, 3, 4 aninhos de idade, por um familiar e este trauma é simplesmente redesenhado, praticamente apagado da mente para uma vida nova, de liberdade, autoconfiança e paz, muita paz.

Talvez um trauma na sua infância pode estar impedindo você hoje de ser quem você realmente quer ser. Portanto, meu querido buscador, minha querida buscadora, não vá raso não... vamos mergulhar profundo na nossa mente inconsciente e permitir que a Hipnose Ericksoniana em conjunto com a PNL Sistêmica possa lhe oferecer oportunidade de ajustes e ressignificações profundas na sua psique. Permita-se curar! Se a mente cria a doença, a mente elimina a doença, bem-vindos a PNL.

capítulo #01
POR QUE ESTUDAR PNL?

Definitivamente a minha história de sucesso, de resultados financeiros, de prosperidade, de saúde e de ajustes nas minhas relações aconteceram depois que conheci a PNL. De verdade, foi um divisor de águas na minha vida pessoal e profissional. Sinto que a PNL deve ser cada vez mais difundida para o maior número de pessoas possíveis, não apenas para obtenção de resultados e metas, pois a PNL é a base da linguística de qualquer processo de Coaching, mas principalmente por processos profundos de cura.

Na MEDA, nós trabalhamos a PNL de uma forma bem diferente de como o mercado está acostumado a trabalhar. Por vários motivos:

1º. O mercado trabalha ainda com a PNL antiga e tradicional, nós trabalhamos com a PNL Sistêmica, com os "campos" de energia, o que muda tudo, expande e transcende processos em um nível muito mais profundo. Muitos institutos não têm "coragem" de usar tal abordagem. Criada pelo mestre Robert Dilts, mais para frente vou diferenciar melhor para você a diferença da PNL Tradicional da PNL Sistêmica.

2º. A segunda questão que buscamos nos diferenciar, não por

estratégia de marketing, mas sim por resultados mesmo, é a questão de já ensinarmos PNL Sistêmica junto com a HIPNOSE. Não gostamos de show, e sim processos de curas reais, por isso, você não vai aprender a comer uma cebola e achar que está comendo uma maçã, nem tão pouco cair em induções de hipnose para esquecer seu nome, ou ficar imitando uma galinha ou vendo todo mundo pelado! Isso é Hipnose Clássica, funciona, mas não é o tipo de hipnose que colabora para que a pessoa encontre caminhos para a cura. Por isso, decidimos usar a Hipnose Ericksoniana, que é muito menos invasiva que a clássica, que é amorosa. Tudo o que fazemos por aqui é pelo AMOR sempre. Não faz sentido ensinar as pessoas a imitar uma galinha se elas possuem "crianças feridas" da infância com traumas muito mais sérios de falta de atenção, reconhecimento, abandono, estupros, que afetam seus resultados hoje como adultos. Desta maneira, atrelamos a PNL Sistêmica a Hipnose Ericksoniana e já ensinamos as duas ferramentas em conjunto, para que o resultado seja direto e efetivo.

3º. Todos os nossos cursos de PNL Sistêmica e Hipnose Ericksoniana na MEDA tem um caráter de FORMAÇÃO, ou seja, você sai habilitado a aplicar as técnicas. Para tal, eu Marco Meda, não abro mão de você entender a minha crença: "Eu só ensino o que eu vivenciei, apliquei em mim mesmo e obtive resultados reais!", concorda comigo? Pois bem, na Meda você vai obrigatoriamente passar pelas técnicas, vivenciá-las profundamente. Assim você aprenderá não só em nível mental, cognitivo, mas sim em um nível somático (no corpo), nas emoções, na alma... o que é definitivo! Mesmo que você não queira se formar como um PRACTITIONER em PNL (nome dado ao profissional que aplica PNL), nem mesmo um Terapeuta Neurolinguístico, nós vamos lhe preparar para tal. Daí você fica a vontade para usar a PNL como for melhor para você.

4º. O quarto motivo, que nos diferencia dos demais cursos de formação em PNL do mercado, é que a maioria deles, faz um Practitioner de 10 dias direto! Nós acreditamos que o seu aprendizado e por consequência a internalização da PNL em um nível mais profundo, se dá por etapas. Assim, além do nosso Practitioner (que é a nossa formação completa) ser de 16 dias e não 10 dias, dividimos ele em quatro módulos de quatro dias. Assim, você vem pra Serra Negra, e em um processo de imersão nestes quatro dias, mergulha profundamente no primeiro nível do aprendizado, volta pra casa, se submete ao aprendizado, vivencia as técnicas na prática no mundo lá fora, aplica PNL, recebe PNL e amadurece os conceitos e aplicações no dia a dia. Assim você se prepara melhor e volta para o Nível 2, depois para o 3 e o 4. Faz sentido né?

5º. O quinto e último motivo é o seguinte: nossa formação em PNL Sistêmica e Hipnose Ericksoniana já é Nível MASTER. Ou seja, em todos os níveis, mesmo no Nível 1, que chamamos de Despertar, você já aprende técnicas do Nível MASTER. Enquanto o mercado ainda ensina técnica da PNL para curar fobia de barata, para parar de roer unha etc... o que também é importante... eu lhe ensino técnicas Master, já no Nível 1 pra você curar um trauma de infância, com uma linda e profunda regressão. Juro que eu entendo a necessidade de eliminar um TOC seu para parar de roer unha, mas resolver aquele "perrengue" sério de relacionamento vai salvar o seu casamento, não vai? E você vai descobrir que roer a unha era só uma consequência de uma profunda ansiedade que resolvemos no nível mais profundo. Sacou?!

Nossa abordagem está pautada na 3ª Geração da PNL, idealizada principalmente por Robert Dilts e Judith DeLozier, o qual foi chamada de PNL SISTÊMICA. Ela inclui então, elementos relacionados ao campo energético gerado pela interação entre pessoas, além de trabalharmos com os campos morfoenergéticos e campos psicogeográficos.

Trabalhamos com o conceito prático da *somatic mind* – a inteligência presente ao longo das células no nosso corpo (seja nos níveis mais baixos como comportamento e habilidades, bem como os mais avançados como crenças e nível de identidade).

Nos baseamos nos conceitos da Psicologia Transpessoal, bem como acessos em níveis de consciência superiores, envolvendo os estudos de Inconsciente Coletivo e Arquétipos de Jung.

Os nossos quatro programas trabalham com a evolução da PNL Tradicional para a PNL Sistêmica.

Com base nisso tudo, queridos, eu não vou medir esforços para fazer deste livro e do curso em Serra Negra, uma experiência de aprendizagem que vai no mínimo mudar a sua vida, como a PNL mudou a minha. Combinado?!

Assina aqui: _____,
e declara: Eu vou mudar minha vida com essa tal de PNL!

Local: _____

Data: _____

Pronto! Acordo feito.

1.1. BASICAMENTE O QUE É A PNL?

A Programação Neurolinguística (PNL) é definida como o estudo da estrutura da experiência humana subjetiva. Ela crê que todo o comportamento tem uma estrutura a partir de padrões linguísticos. O Dr Richard Bandler e John Grinder (criadores da PNL, vamos estudá-los mais pra frente) construíram modelos que podem fazer com que o nosso cérebro funcione em um potencial muito mais elevado.

> *A PNL foi especificamente criada para nos permitir fazer a mágica, criando novas maneiras de entender como a comunicação verbal e não verbal afetam o cérebro humano. Desta forma ela se apresenta como uma oportunidade não só de comunicarmo-nos melhor com nós mesmos e com os outros, mas também, de aprender como obter maior controle sobre o que nós consideramos funções automáticas da nossa própria neurologia. (Richard Bandler, 1998)*

1.2. POR QUE APRENDER PNL E HIPNOSE?

Porque nem sempre sabemos os reais motivos que limitam nossas ações e nos trazem resultados abaixo do esperado. A Neurociência com foco dedicado na mudança de comportamento, usa, através da PNL, técnicas profundas de entendimento da mente humana para saber quais são os bloqueios, "Travas", que possuímos. Tais técnicas visam reconhecer nossas crenças limitantes e promover as mudanças necessárias para que novos comportamentos e novas atitudes possam surgir.

A hipnose por sua vez, aliada à PNL, promove um mergulho na mente inconsciente, com o objetivo regressivo em determinados momentos da nossa vida, seja na infância ou juventude. Tal abordagem promove um despertar de condicionamentos e padrões negativos que não trazem resultados frente aos nossos objetivos. Após o despertar expandimos a nossa Consciência e assim estamos aptos a realizar curas psíquicas e emocionais para transformar nossas vidas.

1.3. QUAIS OS BENEFÍCIOS QUE VOU TER COM A PNL E HIPNOSE?

Primeiro grande benefício está na possibilidade de você aprender a lidar com suas próprias emoções. Você será capaz de mudar padrões de pensamento reativos que dão origem a momentos de fúria, ira, stress e nervoso. Será ainda capaz de refletir sobre emoções ligadas a tristeza e a depressão, de forma a gerar "ressignificados" nas experiências ocorridas e assim gerar profundo aprendizado com tais emoções.

Você terá ainda como benefício a possibilidade de aprender a lidar com o medo e a fuga. Poderá aprender com suas sombras, seus traumas e suas dúvidas de uma forma muito mais consciente, tornando-se mais capaz de realizar tudo aquilo que deseja.

1.4. O QUE NA PRÁTICA IREI FAZER COM A PNL E HIPNOSE?

Você tomará consciência da sua linguagem (Linguística) que vem boicotando e sabotando sua vida pessoal, seus relacionamentos, seu bem-estar, sua felicidade e sua carreira profissional. Através de técnicas de reprogramação mental, você fará um ajuste desta linguagem. Metaforicamente é como um computador (Cérebro) com vírus (Linguística errada), que irá receber um novo programa (Programações) e assim irá ajustar a sua mente (Neuro).

1.5. A NOSSA PNL TEM UMA PEGADA ESPIRITUAL?

Sim! Como trabalhamos com os Níveis Neurológicos de Robert Dilts chegando ao nível de desenvolver a espiritualidade do indivíduo, que na PNL significa você ser capaz de transmitir sua missão de vida aos outros em estado genuíno de amor e indo além dos limites do seu EGO. Tal abordagem espiritualizada independe de qualquer crença religiosa (uma vez que respeitamos todas e não seguimos uma específica), pois acreditamos na existência de um poder maior que rege o universo e nos permite entregar a nossa missão.

Assim, nos nossos cursos de PNL existem vivências espirituais e transpessoais como por exemplo o xamanismo (a partir do PNL Nível 3) com danças nativas e animais de poder. O que ainda sim não é considerado uma religião e sim práticas de abertura de campos espirituais de evolução.

Como eu sou mestre Reiki, no método tradicional Japonês Gendai Reiki-Hô, em todos os nossos cursos existe ainda a aplicação de energias Reiki. Podemos ainda trabalhar na física quântica com aplicação de jogos de tarô e cartas de oráculos para mergulho e conexão com o nosso Eu Superior, não egóico e Divino.

1.6. COMO FUNCIONA A NOSSA TRILHA DE CURSOS E FORMAÇÕES EM PNL?

São quatro módulos de três dias cada na modalidade presencial com uma carga horária de mais de 14 horas por dia, bem como um módulo introdutório de cada nível na plataforma online. Totalizando mais de 300 horas para completar a sua formação em MASTER PRACTITIONER (praticante / programador) em PNL.

Você deverá primeiro fazer o Nível I (Despertar), no qual serão entregues as pressuposições básicas da PNL, bem como os metamodelos linguísticos e por consequência, aprenderá as ferramentas e técnicas primordiais para iniciar sua formação como um "Practitioner em PNL" (Programador Mental).

Na sequência você estará habilitado a fazer o Nível II (Curar) e somente depois o Nível III (Transformar) e para finalizar esta trilha você poderá fazer o PNL IV (Transmitir / Practitioner) que lhe confere o título de Master Practitioner.

A nossa experiência é criada pela combinação das representações internas que formam padrões ou "programas" que se repetem. Esses padrões (ou hábitos) ocorrem repetidas vezes a não ser que sejam interrompidos ou redirecionados. É como um disco que toca a mesma canção a menos que você grave outra.

A linguagem determina como nós influenciamos e como nos comunicamos com os outros e conosco. É como nós rotulamos a nossa experiência. A linguagem fortalecedora gera comportamento fortalecedor. Do mesmo modo, pensamento negativo é o resultado de pensamentos enfraquecedores, muitas vezes fora da nossa consciência, o que limita a escolha.

Vamos entender e conhecer detalhadamente cada módulo. Ah, vale salientar que todos os nossos cursos de PNL são registrados na Biblioteca Nacional de acordo com selo oficial, em meu nome como Terapeuta Holístico com registro internacional de número CRTH-BR 2704 na ABRATH – Associação Brasileira de Terapeutas Holísticos. A empresa MEDA também está devidamente registrada na ABRATH como "Empresa Holística".

1.6.1. O NÍVEL I - DESPERTAR

- Introdução e aplicação da PNL
- Origem, história e resultados da PNL
- Os Pressupostos da PNL
- A Modelagem e a Ciência do Sucesso
- O Rapport e o Poder da Sintonia
- Os Metamodelos e a Linguística Assertiva
- A Calibragem e a Comunicação Não Verbal
- Os Mapas de Percepções e os Filtros da Realidade
- Entendendo o Consciente e Desvendando o Inconsciente
- Aprofundamento com Ensaios Mentais e Visualizações Guiadas
- Trabalhando com Submodalidades para Ressignificações
- Os Níveis Neurológicos para Mudanças e Desenvolvimento
- Os Sistemas Representacionais para Aperfeiçoamento na Comunicação

- Hipnose Clássica x Hipnose Ericksoniana
- A Linguagem Metafórica e a Base da Hipnose
- Induções Hipnóticas para Desenvolvimento e Mudanças
- Induções do Modelo Milton
- Alinhamento no Nível de Ambiente, Comportamento e Capacidades (Níveis Neurológicos)
- Alinhamento no Nível de Crenças e Valores (Níveis Neurológicos)
- Gramática Transformacional (Linguística aplicada a mudanças)
- A Instalação de Âncoras
- Gatilhos de Alta Performance
- Técnica para acolhimento de sentimentos difíceis
- As Posições Perceptivas para Resoluções de Conflitos
- Técnicas de Regressão
- Reimprint
- Renascimento

1.6.2. O NÍVEL II - CURAR

- Teoria das Crenças
- Squash Visual
- Prestidigitação
- Disputa de Crenças Limitantes
- Ciclo de Mudança de Crenças
- Integração de Crenças Conflitantes
- Ponte sobre Barreira de Crenças

- Mentores e Fortalecimento de Crenças
- Induções Práticas de Hipnose Ericksoniana
- Metáforas Hipnóticas para Cura
- Renascimento Guiado

1.6.3. O NÍVEL III – TRANSFORMAR (A JORNADA DO HERÓI)

- Alinhamento no Nível de Identidade (Níveis Neurológicos)
- Hierarquia de Critérios
- Mentores e Alinhamento no Nível de Identidade
- Padrão de Ressonância
- Matriz de Identidade
- Gerenciando Transições de Vida e Jornada do Herói
- Transes Hipnóticos profundos para transformação
- Ressignificação com Hipnose Ericksoniana
- Praticando e Sentindo o Campo Energético
- Induções Práticas de Hipnose Ericksoniana
- Metáforas Hipnóticas para Transformação
- Jornada Xamânica, Jornada do Herói e Renascimento Guiado

1.6.4. O NÍVEL IV – TRANSMITIR / PRACTITIONER

- Alinhamento no Nível de Espiritualidade (Níveis Neurológicos)
- PNL Integrativa
- Círculo de Excelência

- Empilhamento de Âncoras
- Chunking
- Técnica de Harmonização
- Técnicas Avançadas de Sintaxe Somática e Presença
- Induções Práticas de Hipnose Ericksoniana
- Metáforas Hipnóticas
- Linha do Tempo e Cata Jóias
- Jornada Xamânica e Renascimento Guiado
- Formatura Practitioner

capítulo #02
O QUE É PNL?

Na minha concepção, a melhor definição de PNL é aquela que diz que a Programação Neurolinguística é a MODELAGEM DA EXCELÊNCIA HUMANA. Ou seja, se alguém faz bem uma determinada coisa e se eu conseguir modelar "essa coisa", eu tenho chances enormes de atingir os mesmos RESULTADOS que a pessoa, seguindo obviamente o mesmo roteiro de ação e estratégias que esta pessoa fez.

Falar em PNL, é falar em ESTRATÉGIAS. A PNL nada mais é do que as estratégias mentais de uma pessoa para realizar uma determinada coisa. É a sequência lógica de comportamentos que produzem um determinado resultado. Antes de qualquer comportamento ou plano de ação, há sempre uma estratégia mental para o feito.

Talvez temos a sensação que para fazer determinadas coisas nós não pensamos, ou seja, agimos no piloto automático da mente e já saímos fazendo. É isso mesmo! Porque a maior parte dos nossos pensamentos estão na base inconsciente da mente e não na consciência. Na verdade temos pouca consciência do QUE e COMO fazemos as coisas. Assim, podemos entender que fazemos "sem pensar", o que não é uma verdade. Pensamos sim, mesmo que seja inconsciente.

Estes pensamentos inconscientes seguem determinados padrões que estamos muito bem acostumados a seguir. Muitas vezes fazemos o QUE fazemos sem mesmo saber COMO fazemos e nem o PORQUÊ fazemos.

Eu diria que a PNL metaforicamente é como óculos novos, com a PNL você passa a ver coisas que você não via antes. Ou um fone de ouvido novo, o qual lhe permite ouvir coisas que você não ouvia. E por que não um coração novo? Para ampliar seus sentimentos e sentir algo que você não sentia antes. Enfim, a PNL aumenta, expande o seu campo de percepção, tanto no VISUAL, como no AUDITIVO, e também CINESTÉSICO.

A PNL é uma grande FERRAMENTA, a qual fará você PERCEBER o mundo ao seu redor de uma forma muito mais expandida. A grande verdade é que: o mundo seria muito pequeno e medíocre se ele fosse apenas aquilo que EU ACREDITO dele. O mundo é muito maior que as minhas próprias CRENÇAS, que os meus LIMITES.

2.1. QUAL O OBJETIVO DA PNL?

Posso entender que a PNL tem basicamente dois grandes objetivos:

1. Promover uma COMUNICAÇÃO INTERNA muito melhor COMIGO MESMO, como uma profunda ferramenta de autoconhecimento.

2. Promover uma COMUNICAÇÃO EXTERNA muito melhor COM AS PESSOAS e MUNDO EXTERNO, como uma profunda ferramenta para melhorar nossos RELACIONAMENTOS e nossos RESULTADOS.

De alguma forma, todos nós queremos RESULTADOS melhores em nossas vidas. Só não sabemos como fazer isso. Assistimos todos os dias pessoas conquistando casas novas, carros novos, famílias felizes, prosperidade financeira, enfim felicidade. Claro que observamos o oposto também. Mas não é a hora de tratar o negativo ainda. Vamos focar no positivo!

Você já se perguntou por que algumas pessoas conquistam mais resultados e outras não? Já se perguntou por que algumas tem mais sorte do que outras? Por que algumas conseguem as coisas de forma mais fácil do que outras? A resposta está na palavra MODELAGEM!

Entendo que o GRANDE OBJETIVO da PNL é a CONQUISTA:

- de uma vida financeira melhor;
- de um equilíbrio emocional mais satisfatório;
- de relacionamentos saudáveis e tranquilos;
- de uma vida com paz e harmonia;
- de uma vida próspera e cheia de saúde;
- de uma missão e um trabalho que traga prazer e felicidade;
- enfim, de uma VIDA MUITO MAIS PLENA em todos os sentidos.

A boa notícia é que além do Coaching e do Eneagrama que trabalhamos em outros cursos, a Programação Neurolinguística é a grande base para sustentar todo este processo de mudança que nós almejamos. Estamos falando de REPROGRAMAÇÃO MENTAL. E mais uma vez eu escrevo, tudo se inicia pela MODELAGEM. A base fundamental da PNL é a modelagem...

2.2. A MODELAGEM DO SUCESSO

Como já escrevi anteriormente, a PNL é conhecida como a MODELAGEM da excelência humana. Ou seja, alguém fez ou faz algo que traz bons resultados e nós podemos modelar as ESTRATÉGIAS dessas pessoas e trazer para a nossa realidade.

Tenho algumas perguntas pra você refletir comigo:

• Será que não há um MODO mais eficiente de fazer determinadas coisas ao invés de fazer como fazemos costumeiramente?

• Será que há MODELOS MENTAIS para a prosperidade? Para o Sucesso? Para ganhar e multiplicar dinheiro, ao invés de só gastar?

• Será que há TÉCNICAS capazes de fazer com que possamos atingir nossos sonhos, nossas metas, nossos objetivos com menos tempo, com menos esforço, com menos dor ou sofrimento?

• Será que não há SEGREDOS para nos desvencilharmos dos velhos medos do passado, dos traumas de infância, dos padrões de comportamentos e condicionamentos repetidos dos nossos pais?

Com base nisso, na década de 70 no Campus de Santa Cruz na Universidade da Califórnia, Richard Bandler, um estudante de matemática e computação, se uniu com o amigo e professor de linguística John Grinder e começou a escrever as bases da CIÊNCIA DA MODELAGEM (a Programação Neurolinguística).

Eles começaram a estudar padrões de comportamento com foco em resultados e sucesso. Percebiam que determinadas pessoas que focavam no seu desenvolvimento pessoal e profissional "pensavam" de maneira diferente da maioria das pessoas. Eles começaram a estudar, ainda no ambiente da universidade, alguns famosos terapeutas da época. Perceberam que era possível repetir alguns padrões em seus comportamentos e pensamentos e assim conseguir resultados positivos similares a outras pessoas.

Com foco na COMPUTAÇÃO e na LINGUÍSTICA eles começaram a traçar um paralelo entre o Cérebro (Hardware do Computador), com a Mente Criativa e Pensante (Software / Programas do Computador) e da mesma forma como "se programa" um computador através de uma LINGUAGEM DE COMPUTAÇÃO, nós seres humanos "programamos" a nossa mente com a nossa LINGUÍSTICA.

John Grinder and Richard Bandler

Nasce então a **PROGRAMAÇÃO NEURO – LINGUÍSTICA** (escreve-se junto, apenas para efeitos didáticos eu separei). Ou seja, os "programas" bons ou bugados que você tem instalado aí na sua mente foram instalados pela sua própria linguística ou pela linguística / linguagem do meio em que você viveu (papai, mamãe, avós, professores, pastores etc – de acordo com as crenças de cada um deles).

Desta forma, compramos CRENÇAS, boas ou ruins! Somos um poço sem fim de crenças. E o mais interessante, nenhuma delas são nossas, compramos todas de alguém... assim vamos formando a nossa BASE DE DADOS, os nossos PROGRAMAS INTERNOS vão sendo organizados de acordo com estas CRENÇAS que vieram através de padrões linguísticos, principalmente pelos três principais canais de captação: o nosso **VISUAL**, o nosso **AUDITIVO** e o nosso **CINESTÉSICO** (nossas sensações).

Bandler e Grinder decidem combinar respectivos conhecimentos da computação e da linguística, junto com a habilidade de "copiar" comportamentos não-verbais, com o intuito de desenvolver a LINGUAGEM DA MUDANÇA.

Nós partimos do pressuposto que TODO SER HUMANO possui dentro de si os MESMOS TIPOS DE RECURSOS INTERNOS. Assim, observando seus comportamentos e sua comunicação, passamos a MODELAR homens e mulheres de sucesso em diversas áreas da vida, da terapia aos grandes homens de negócios.

Ao aprofundar na observação dos resultados destes homens e mulheres de sucesso, Richard Bandler e John Grinder descobrem que estas pessoas utilizam principalmente a linguística e os comportamentos não-verbais para se COMUNICAREM com o INCONSCIENTE. Assim eles descobrem, que se existe um "programa bugado" instalado na mente humana, ou seja, que traz resultados indesejados, basta então "reprogramar" esta parte da mente, ou esta área da vida da pessoa para que a mudança efetivamente aconteça.

2.3. TUDO É ESTRATÉGIA MENTAL

Vou explicar melhor, vem comigo! Tudo o que você faz tem uma ESTRATÉGIA. Para guardar dinheiro, você tem uma estratégia. Para gastar dinheiro, sim, você também tem uma estratégia! Para fazer dieta você tem uma estratégia mental para isso, e pasmem, sim, cada pessoa também tem uma estratégia própria para engordar feito um porco.

A MUDANÇA é geralmente CONSCIENTE e precisa de foco e esforço. Porém o VELHO HÁBITO é INCONSCIENTE e você não o percebe, ou pior, não sabe nem o porquê faz aquilo. Simplesmente faz, pois tem um programa instalado na sua mente que é disparado, sempre que necessário, pelo piloto automático da mente.

Da mesma forma, que a linguística gravou informações no seu inconsciente, esta linguística através da Hipnose Ericksoniana, vai mergulhar na sua mente para reajustar esse programa ou ressignificar o que te leva a agir de acordo com esse atual programa.

A reflexão que eu lhe peço agora é a seguinte: COMO você faz o que faz? Comece a observar tudo! Você fuma? COMO você faz para fumar? Pergunta estranha, não é?! Apenas observe...

Você gasta mais dinheiro do que ganha? COMO você faz para gastar mais do que ganha? Percebe que existe uma ESTRATÉGIA. A estratégia é o COMO!

Vamos a mais uns exemplos: você se irrita toda vez que o marido ou a esposa tem um determinado comportamento, ou quando um filho ou uma criança faz alguma coisa que lhe irrita. Não me interessa o outro e o que ele faz, me interessa COMO você reage ao outro. É VOCÊ que tem uma ESTRATÉGIA de se irritar, não é de responsabilidade do outro!

Se você responsabiliza seus atos e seus desajustes emocionais por conta do que os outros fazem com você, então você terceirizou 100% o seu estado equilibrado emocionalmente nas mãos do outro, concorda? O outro não tem o poder de alterar o seu estado emocional. O outro não te irrita não! O outro não tem nem o poder de lhe deixar feliz, é VOCÊ que tem as estratégias internas na sua mente para se sentir bem ou mal, feliz ou triste, alegre ou deprimido. A interpretação do mundo externo para o seu mundo interno é sua, é SUA ESTRATÉGIA. É o seu "COMO"!

> **COMO você faz o que faz?**
> Observe-se, tem um programinha com uma sequência lógica e sequencial bem definido aí na sua mente para você agir ou reagir como reage.

Se as suas ações e reações são boas, positivas, ecológicas (na PNL chamamos de ecológico o que não afeta negativamente o outro, o que é ético e correto), não há necessidade de mudar as suas estratégias mentais. Porém, se o que você faz lhe traz resultados negativos, e/ou ainda resultados negativos para as pessoas, é preciso rever suas estratégias.

As pessoas me perguntam: "Meda? Como saber se o que eu faço é correto ou não?!" E a minha resposta é outra pergunta para você: **"Que RESULTADOS você vem obtendo com isso?"**.

Se os seus resultados estão sendo positivos, Ok, está tudo bem! Caso contrário é hora de pensar na mudança, faz sentido?!

E nem adianta pensar que a mudança deve ser do outro. Que o casamento vai uma merda, pois a culpa é do outro, da outra pessoa da relação. Esquece! Você não está lendo este livro e fazendo este curso para mudar o outro. A mudança é SEMPRE SUA! A sua mudança inspira a mudança do outro...

2.4. O ESTUDO DA EXPERIÊNCIA SUBJETIVA HUMANA

A Programação Neurolinguística é definida como o estudo da estrutura da experiência subjetiva, o que pode ser entendido que todo comportamento tem uma estrutura.

Para se entender PNL a fundo, faz se necessário mergulhar comigo em algumas palavras:

PERCEPÇÃO   EXPERIÊNCIA   REALIDADE

A expressão PROGRAMAÇÃO NEUROLINGUÍSTICA envolve os seguintes aspectos:

1. NEURO – Todos os comportamentos nascem de processos na mente, são processos neurológicos captados por meio da visão, da audição, do olfato, do paladar, do tato e das sensações (frio, quente, doce, suave...). Assim nós PERCEBEMOS o mundo através dos cinco sentidos. Primeiro nós "captamos" a informação, depois "compreendemos" a informação e somente no final da estratégia nós "agimos". Tudo isso só acontece por conta de COMO nossa **PERCEPÇÃO** funciona. Tal PERCEPÇÃO está "filtrada" e baseada nas nossas **EXPERIÊNCIAS** anteriores (nosso sistema de Crenças), e assim temos a nossa **REALIDADE**.

2. LINGUÍSTICA – Usamos a linguagem para organizar, para ordenar nossos pensamentos e por consequência os nossos comportamentos. Assim nós nos comunicamos com nós mesmos e nos comunicamos com os outros. Tal comunicação estará sempre baseada na **REALIDADE** que **PERCEBEMOS** do mundo, de acordo com as nossas **EXPERIÊNCIAS**.

3. PROGRAMAÇÃO – A programação é a forma como tudo isso está organizado na nossa mente. Como foi gravado! É como organizamos o que captamos através dos cinco sentidos. É a forma como descrevemos em linguagem a **EXPERIÊNCIA** captada. É COMO agimos para produzir nossos resultados. É como ficou gravada a **PERCEPÇÃO**. Portanto é a **REALIDADE** que temos! Não quer dizer que a MINHA ou a SUA realidade é a realidade do mundo, é apenas a NOSSA realidade.

Mais adiante estudaremos as Pressuposições da PNL, e uma delas nos diz que "Mapa não é território". Ou seja, somos capazes de perceber e vivenciar apenas uma pequena parte da realidade como um todo, mas não temos a realidade toda. Cada ser humano percebe a realidade de uma maneira muito particular.

Desta forma, podemos entender que a PNL é conhecida como uma das mais poderosas ferramentas de COMUNICAÇÃO e EXCE-LÊNCIA que existe. Ela nos impressiona pela sua simplicidade de aplicação e pela rapidez nos resultados que conseguimos com ela. Quando entendemos como a nossa mente funciona para programar os comportamentos, podemos aprender como desarmar os comportamentos que não desejamos mais e também desenvolver ou fortalecer os comportamentos que desejamos. Assim desenvolvemos o nosso crescimento e a mudança se estabelece.

2.5. UM POUCO DA HISTÓRIA DA PNL E AS GERAÇÕES

Quando citamos que Richard Bandler e John Grinder estudaram e modelaram, estamos falando de:

- *Fritz Perls* – que foi o criador da Gestalt Terapia.

- *Virginia Satir* – o grande nome da Terapia Familiar.

- *Milton Erickson* – o "mago do deserto", o maior hipnoterapeuta já conhecido.

- *Gregory Bateson* – filósofo, pensador, o grande nome da Teoria dos Sistemas.

Para se compreender as bases da PNL de uma forma completa, precisamos então estudar, respeitar e entender estes seis estudiosos. Os quatro citados acima, e obviamente Bandler e Grinder. Mais adiante virão outros nomes...

Fritz Perls (1893 – 1970) foi um dos maiores psicoterapeutas e médico psiquiatra da história. De origem judaica, junto com sua eposa Laura Perls, desenvolveu uma abordagem de Psicoterapia que chamou de Gestalt-terapia. Fritz propôs o conceito de que o desenvolvimento psicológico e biológico de um organismo se processa de acordo com as tendências inatas desse organismo, que tentam adaptá-lo harmoniosamente ao ambiente. Perls lança alguns conceitos básicos do que seria, mais tarde, a Gestalt-terapia: a realidade do aqui e agora, o organismo como totalidade, a unidade organismo/meio.

Milton Erickson (1901 – 1980) médico psiquiatra estadunidense, especialista em Terapia Sistêmica Familiar, desenvolveu a Hipnose aplicada a Psicoterapia e se tornou a maior referência mundial do uso da Hipnose no processo terapêutico. O processo Hipnose "Ericksoniana" leva o seu nome em homenagem ao criador da técnica. Foi fundador e presidente da Sociedade Americana de Hipnose Clínica, membro da Associação Americana de Psiquiatria, Associação Americana de Psicologia e da Associação Americana de Psicopatologia.

Virginia Satir (1916 – 1988) foi uma notável autora e psicoterapeuta estadunidense, conhecida sobretudo pela sua abordagem em Terapia Familiar e por seu trabalho com Constelações Sistêmicas.

CURIOSIDADE: Tudo começou por que Richard Bandler trabalhava para ela como motorista para pagar a faculdade.

Gregory Bateson (1904 – 1980) foi biólogo e antropólogo por formação. Porém, sempre foi um pesquisador e pensador Sistêmico e epistemológico da Comunicação. Trabalhou com psicologia, psiquiatria, sociologia, linguística, ecologia e cibernética. Filho de Willian Bateson ("o Pai da Genética"). Trabalhava na escola de Palo Alto na Califórnia.

Em resumo, toda a base da PNL (tradicional) foi definida por Richard Bandler e John Grinder modelando os processos terapêuticos de Fritz Perls, Virginia Satir, Milton Erickson e Gregory Bateson. A este grupo e período chamamos de **PNL da 1ª Geração**.

51

No final dos anos 80, começo dos anos 90, um estadunidense "psicólogo na prática" chamado **Antony Robbins**, foi um dos principais responsáveis pela disseminação da PNL. Em continuidade aos trabalhos de Bandler, Tony Robbins (como é conhecido), se transformou na maior referência de Palestrante, Treinador Motivacional e Coach do mundo, passando a aplicar a PNL e seus métodos de Coaching em pessoas importantes, famosas e até o presidente dos Estados Unidos. Nasce, então, a **PNL da 2ª Geração**, encabeçada por Tony Robbins, com modelos e técnicas de rápida aplicação e resultados efetivos. Neste mesmo período, Joseph O'Connor estava consolidando o programa chamado "Practitioner", treinamento responsável por formar "programadores neurolinguísticos".

Atualmente, estamos na vertende chamada **3ª Geração da PNL**, idealizada pela dupla **Robert Dilts** e **Judith DeLozier** (ex-esposa de John Grinder). Dilts o grande nome atual e referência da PNL hoje, cria a PNL Sistêmica (a qual trabalhamos na MEDA). Ele inclui nas técnicas da PNL aspectos e elementos relacionados ao **CAMPO ENERGÉTICO** gerado pela interação entre pessoas e valoriza o uso da **SOMATIC MIND**, ou seja, a inteligência do campo presente ao longo das células do nosso corpo. Tal abordagem muda absurdamente a forma como a PNL é aplicada, com relação aos modelos tradicionais da 1ª e 2ª Geração. Dilts e DeLozier comandam hoje a *NLP University* em *Santa Cruz* na *Califórnia*.

Dilts e Judith passam então a criar novas técnicas e novas abordagens capazes de colocar a PNL Sistêmica como uma grande ferramenta de cura. Com base nos trabalhos iniciais de Bandler e Grinder, modelado dos terapeutas pioneiros, Dilts reforça ainda mais a aplicação da Hipnose Ericksoniana, e redesenha em cima da Teoria de

Robert Dilts

Sistemas do Bateson, os NÍVEIS NEUROLÓGICOS que passam a ser a base da PNL Sistêmica, levando a PNL até a Espiritualidade.

Na MEDA, eu Marco Meda, seguidor e defensor dos conceitos de Robert Dilts, unimos na PNL Sistêmica ferramentas terapêuticas da PSICOLOGIA TRANSPESSOAL, envolvendo um trabalho energético que vai além dos Campos Morfoenergéticos e dos Campos Psicogeográficos. Com abordagens das antigas escolas de mistérios, das tradições Hinduístas, do Reiki, do Eneagrama e das Constelações Sistêmicas, ampliamos o uso e a aplicação da PNL Sistêmica com foco na Transcendência do Ego ao Self (como chamava Jung – o pai da Psicologia Analítica). Portanto, eu ouso dizer, trabalhamos com a PNL da **4ª Geração, a PNL Sistêmica e Transpessoal**, assim podemos muito bem unir Ciência e Espiritualidade de uma forma linda e harmônica. Atrelamos ainda experiências e jornadas Xamânicas, bem como integramos a **Jornada do Herói** de Joseph Campbell, que você poderá estudar no PNL Nível 3.

capítulo #03
OS PILARES E AS PRESSUPOSIÇÕES

Para que possamos chegar ao nível de aplicar as técnicas da PNL, é preciso anteriormente entender algumas questões fundamentais das ciências que norteiam a PNL. Portanto, neste capítulo vamos aprender o RAPPORT que é a estrutura básica para a Hipnose Ericksoniana e a PNL. Vamos mergulhar no funcionamento do Consciente e do Inconsciente, bem como conhecer as Pressuposições da PNL, as quais representam as CRENÇAS da PNL, e por fim fechar o capítulo com os Pilares fundamentais da PNL.

3.1. O RAPPORT

Você já ouvir falar em sintonia? Já se sentiu conectado ou sintonizado com alguém. Parece até que vocês pensavam a mesma coisa, agiam de forma parecida, sentiam a mesma coisa. Estranho? Não... sintonia! Afinidade. Similaridade...

Rapport significa SINTONIA. Entrar em *Rapport* com alguém é como entrar em sintonia com esse alguém, seja na fala, em gestos, na energia, em todos os sentidos.

Você vai estudar nas próximas páginas que cada um de nós constrói o mundo a partir da sua própria realidade, logo mais vamos chamar isso de MAPA. É através deste campo de percepção do mundo, ou seja, deste MAPA, que percebemos e interagimos com o mundo externo. Assim, podemos observar pessoas que falam muito, enquanto outras falam pouco. Pessoas que gesticulam muito, outras menos. Observamos pessoas que são mais rápidas, outras mais tranquilas, e assim por diante. As pessoas, obviamente são diferentes e interagem da forma como pensam. A boa notícia é que podemos estudar, analisar e observar o outro, de forma a entender o MAPA daquela pessoa, entrar em sintonia com ela e assim usarmos o MAPA dela como estratégia de comunicação.

Quando estamos em sintonia com outras pessoas, e permitimos estar em sintonia, a nossa comunicação flui mais naturalmente. Acabamos nos sentindo mais seguros e mais abertos à comunicação. A sensação é a de que o nosso MAPA de mundo está sendo compreendido e respeitado.

Vamos a um exemplo: você já se viu sentado a mesa de um bar ou restaurante com uma pessoa querida, e a conversa flui naturalmente, em perfeita sintonia. Se você observar a cena imaginada ou lembrada, você verá que provavelmente as pernas, os pés, os braços, as posições das costas e etc estão em perfeita sintonia, praticamente iguais. Os movimentos são parecidos, na mesma velocidade.

O tom de voz na mesma nota, o volume e a velocidade da fala estão muito bem sintonizados.

Se você se lembrar de momentos em que você estava muito bem e em paz com esta pessoa, com certeza, os movimentos eram espelhados, integrados, unidos como numa dança perfeita. Esta sintonia toda, chamamos de *Rapport*.

Porém, se você se lembrar de momentos em que houve atrito na conversa, no diálogo, o corpo do outro já não estava mais igual ao seu. Os volumes, velocidades e tons de vocês estão agora diferentes, o estado emocional provavelmente é diferente, o que aconteceu? Vocês perderam o *Rapport*.

Quando estamos em *Rapport*, há tanta sintonia entre você e a outra pessoa, que quando um de vocês muda uma postura, o outro também muda, como que por reflexo. Isso é genial! Eu diria que *Rapport* é sintonia, é empatia perfeita, é a sincronia de duas ou mais pessoas.

Milton Erickson dizia que *Rapport* é o "interesse genuíno pela outra pessoa". O estabelecimento do *Rapport* é fundamental, eu diria OBRIGATÓRIO antes da aplicação de qualquer técnica, seja a PNL, uma Terapia, um Coaching etc. Não importa qual é a técnica ou habilidade necessária do comunicador, se não houver *rapport*, os resultados não serão satisfatórios. O inconsciente da outra pessoa resistirá a qualquer tentativa de influência.

É importante destacar que uma das funções principais do nosso inconsciente é nos PROTEGER. Quando este percebe que o outro é diferente, o inconsciente entende como uma ameaça e tende a gerar comportamentos reativos de "se fechar", de recuar, de reagir, de gritar... Assim, por proteção inconsciente, a comunicação não flui!

Porém, quando conhecemos a PNL e o *Rapport*, descobrimos que nós podemos "entrar" no mapa do outro com atenção e carinho, mais do que isso, com empatia e amor. Portanto, o objetivo é observar os padrões comportamentais da outra pessoa e imediatamente se colocar no lugar dela e fazer *Rapport*.

Fazer *Rapport* significa:

• Colocar-se no lugar da outra pessoa de forma verdadeira.

• Respeitar a maneira como o outro percebe o mundo (provavelmente diferente de você).

• Estar realmente disponível e aberto (ser conduzido) pela outra pessoa.

• Ter interesse genuíno no que o outro tem a nos dizer.

Na prática, o *Rapport* acontece de forma prática e natural e pode ser estabelecido com qualquer pessoa. Para isso, entramos na sintonia DELA, através do uso das palavras (VERBAL) e principalmente da comunicação NÃO-VERBAL.

Desta forma, a técnica se resume em ESPELHAR o outro, permitindo **refletir em você** vários aspectos do outro, como por exemplo:

1. Postura Corporal
2. Gestos
3. Posicionamento de Mãos
4. Posicionamento de Pernas
5. Posicionamento dos Olhos
6. Tom, volume e ritmo da voz
7. Estado emocional interno
8. Palavras marcantes
9. Expressões faciais
10. Respiração
11. Espelhamento cruzado
12. Frequência e vibração energética

O segredo é seguir a pessoa. Acompanhar, acompanhar e acompanhar a pessoa. Mas Meda, a pessoa não vai achar que eu estou imitando ela? Pois bem... o segredo está na sutileza dos movimentos, na discrição, na sua elegância ao espelhar. Estas considerações são fundamentais para que isso não se torne apenas uma imitação. A sintonia da frequência energética da outra pessoa como um todo é mais importante do que a simples imitação de um movimento isolado. É um conjunto, é o todo!

A técnica consiste em:

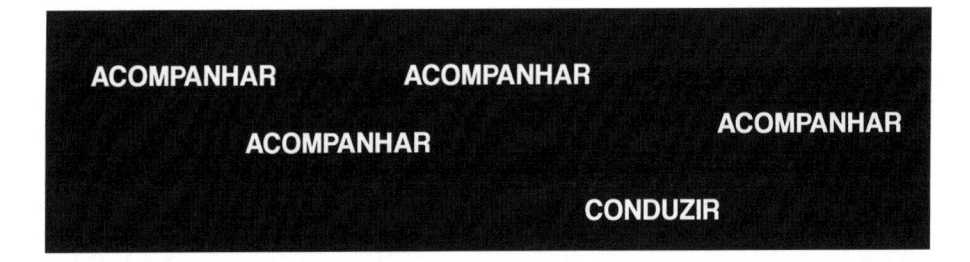

> **ACOMPANHAR**   **ACOMPANHAR**
>   **ACOMPANHAR**   **ACOMPANHAR**
>   **CONDUZIR**

É extremamente válido e importante ressaltar que de nada adiantam as técnicas mecânicas de espelhamento se não conseguirmos de VERDADE NOS COLOCAR NO LUGAR DO OUTRO. O espelhamento do comportamento do outro não tem efeito e provavelmente o *Rapport* será quebrado se não respeitarmos a maneira com que o outro vê o mundo. Não importa com que precisão estejamos espelhando seus movimentos corporais e tons de voz. Não é robotizado. O *Rapport* é sutil, energético, amoroso!

Somente quando estamos verdadeiramente dispostos em atenção plena NO OUTRO e não no próprio EGO, escutando e respeitando O OUTRO, suas crenças, seus valores, suas habilidades, suas atitudes – SEM JULGAR – é que o nosso *Rapport* se estabelece de forma verdadeira.

Vale ressaltar que grande parte da vida de Milton Erickson – já com a sua doença em estágio avançado – ele era um exímio mestre na habilidade de *rapport* e fazia isso sem espelhar movimentos, pois ele já não se mexia mais na cadeira de rodas. Costumamos dizer que Milton Erickson era capaz de fazer *Rapport* de alma.

> **LEMBRE-SE:**
> Interesse genuíno é aquele que vem desprovido de julgamentos e preconceitos.

Não tenha pressa para aprender o *Rapport*, porém aplique-o a partir de agora em todas as suas relações e comunicações, os resultados serão surpreendentes, e com o tempo você perceberá que fará *Rapport* de forma automática. A verdade é que, quando desejamos INFLUENCIAR uma pessoa e CONDUZÍ-LA em uma determinada direção, é fundamental, antes de mais nada, o estabelecimento do *Rapport*.

Uma vez que nós ENTRAMOS na frequência da outra pessoa, ACOMPANHAMOS essa frequência por ALGUM TEMPO, e só então podemos passar para o grande objetivo do *Rapport*, que é CONDUZIR a pessoa. Primeiro é necessário acompanhar, acompanhar, acompanhar, acompanhar... acompanhar, para só depois conduzir. Aí passamos a liderar e conduzir a pessoa para o ponto em que nós queremos.

Além disso, para conduzirmos temos que estar abertos a sermos conduzidos também. Estar aberto ao outro é uma característica fundamental.

RAPPORT NÃO É MANIPULAÇÃO!

Enfim, você vai perceber que uma vez em *Rapport* poderá conduzir a pessoa. Mudando um comportamento seu, poderá ver o reflexo na outra pessoa.

3.2. OS PILARES DA PNL

Abaixo seguem detalhados alguns pilares fundamentais que sustentam a ciência da transformação. Leia atentamente cada um dos pilares abaixo e, com base no que já estudamos, escreva seus insights, seus entendimentos.

1. Você é a parte principal do processo. Seu sucesso dependerá da sua congruência, ou seja, do alinhamento da sua MISSÃO e VALORES com aquilo que você faz.
Insights:

2. A PNL está baseada em pressuposições que são seus princípios e crenças.
Insights:

3. Rapport é a base para relacionamentos saudáveis e produtivos. Baseia-se em interesse genuíno na outra pessoa, em estar em sintonia. Rapport é o ingrediente indispensável para a eficiência na PNL. Rapport funciona como o lubrificante de um motor.

Insights:

4. Seja claro em relação ao que você deseja e capaz de saber o que os outros desejam. Direcione suas ações, emoções e pensamentos para o que você deseja. Tenha em mente onde você está, onde você quer chegar e o que é necessário fazer para ir de um ponto ao outro.

Insights:

5. Seus sentidos são como você percebe a realidade que o cerca. Otimizar sua utilização aumenta suas possibilidades de atingir seus objetivos. Use-os para avaliar os resultados que está obtendo.

Insights:

6. Quando o resultado obtido não for o desejado, mude o que for necessário. Quanto mais opções de ação você tiver, maior será a sua chance de sucesso.

Insights:

3.3. AS PRESSUPOSIÇÕES DA PNL

Vamos mergulhar nossos estudos agora em uma das coisas mais importantes da PNL, as suas PRESSUPOSIÇÕES. Tudo, exatamente tudo o que vamos estudar na PNL e aplicar, precisa considerar as 14 pressuposições a seguir. Pressuposições são AS CRENÇAS da PNL.

Quando Bandler e Grinder modelaram os padrões daquela galera toda de terapeutas, eles descobriram, através dos resultados que estes terapeutas obtinham as pressuposições listadas mais abaixo. Eu diria que elas não são simplesmente as crenças da PNL, mas sim as LEIS UNIVERSAIS que regem a PNL. Assim sendo, nenhuma das pressuposições podem ser descartadas por você, tanto para entender como funciona a PNL, bem como para saber aplicar as técnicas, uma vez que a mente humana funciona de acordo com as seguintes 14 Leis:

1. As pessoas reagem ao seu próprio mapa da realidade e não a realidade em si.

2. Cada um faz o melhor que pode, considerando o contexto e os recursos que tem naquele momento.

3. Todo comportamento tem uma intenção positiva.

4. Todo comportamento foi útil no contexto em que ele foi criado.

5. Não existem erros, apenas resultados.

6. As pessoas têm, ou podem criar, todos os recursos que necessitam para agir efetivamente.

7. Mente e corpo formam um sistema único.

8. Se você continuar a fazer as coisas exatamente como sempre fez, continuará a obter os mesmos resultados.

9. Ter uma escolha é melhor do que não ter escolha.

10. O significado da sua comunicação é a reação que você obtém. Portanto, o responsável pela comunicação é o comunicador.

11. É impossível não se comunicar.

12. Nossa energia flui para onde colocamos a nossa atenção.

13. Se uma pessoa é capaz de fazer uma determinada coisa, é possível modelá-la e ensinar outras pessoas a fazerem o mesmo.

14. A modelagem de uma performance de sucesso leva à excelência.

Vamos agora detalhar cada uma das 14 pressuposições. O objetivo é estudar uma a uma e você perceber o quanto elas regem as motivações e os comportamentos humanos.

1. As pessoas reagem ao seu próprio mapa da realidade e não a realidade em si.

Todos nós vemos o mundo da nossa própria maneira. Cada um de nós sente o mundo de acordo com o nosso mapa de percepção. Cada um de nós tem um modelo do que acreditamos ser o mundo. Nosso modelo ou nosso MAPA na verdade não é a realidade do mundo, ou o "território" em si. Mapa não é território! Há uma diferença entre a realidade e o modo como cada um de nós percebe a realidade. Eu juro para você, que o mundo é muito mais do que você acredita dele. O mundo não está resumido nas suas crenças.

Pense nisso!

Todas as nossas interações não são feitas diretamente com o mundo, e sim com o modelo próprio que temos do mundo. Nós reagíamos aos nossos mapas em vez de reagir diretamente ao mundo. E nenhum mapa de alguém é mais "real" ou mais "correto" do que o mapa dos outros. Esta é a origem dos conflitos!

Toda pessoa tem o seu próprio mapa de mundo, e ele é único. Normalmente não é o "território" ou a "realidade" que limitam uma pessoa, mas sim as escolhas que aparecem como disponíveis para ela de acordo com o seu próprio mapa.

Cabe aqui uma observação, quanto mais trabalhamos com a PNL descobrimos que os mapas mais efetivos e com mais resultados, não são "os melhores mapas", nem os "mais realistas", muito menos "os mais certos" e sim aqueles que fornecem UM MAIOR NÚMERO DE ESCOLHAS.

Escolhas significam ESTRATÉGIAS. As pessoas tendem a achar que já fizeram de tudo na vida, que não tem mais opções, escolhas ou chances de mudar algo em suas vidas. MENTIRA! É só preguiça de pensar, pois no fundo não querem abandonar a zona de conforto! Amplie suas escolhas, amplie sua forma de ver o mundo, amplie o seu mapa de percepção da realidade e sua vida muda, eu garanto!

2. Cada um faz o melhor que pode, considerando o contexto e os recursos que tem naquele momento.

Você sabia que as pessoas sempre fazem a melhor escolha que podem, dadas as possibilidades do momento, dada as capacidades que são percebidas como disponíveis a partir do seu mapa de percepção do mundo? Pois bem... eu e você, mesmo quando erramos ou fizemos uma grande cagada, naquele momento, fizemos o melhor que poderíamos ter feito naquele contexto e com os recursos mentais que estavam disponíveis para nós no momento.

Talvez seja difícil entender isso na primeira vez que você ouve ou lê, mas entenda que qualquer comportamento, por mais esquisito, louco, diabólico ou bizarro que pareça, é (ou foi) a melhor escolha disponível para a pessoa em uma determinada situação, em um determinado momento. Ela não poderia ter feito nada melhor ou diferente do que fez. Simplesmente fez!

O importante é trazer para a consciência cada ação, cada atitude, pois na medida em que uma pessoa torna mais rico o seu mapa de mundo e expande o seu repertório de comportamentos, ela terá condições de fazer escolhas mais apropriadas e mais ecológicas. Interessante, não é?!

3. Todo comportamento tem uma intenção positiva.

Pois é, adoro essa pressuposição, ela dá uma bugada em quem a lê pela primeira vez! Vamos lá... "todo comportamento tem sempre uma intenção positiva!". É isso mesmo, todo e qualquer comportamento, sempre, sempre mesmo, tem no fundo algo que atende algum critério de valor (mesmo que inconsciente).

É assim: todos os nossos comportamentos, na verdade, estão tentando fazer com que nós GANHEMOS alguma coisa. Todos eles têm uma INTENÇÃO, um PROPÓSITO, um PORQUÊ, uma FINALIDADE, volto a escrever, na maioria das vezes INCONSCIENTE.

Entenda que o nosso inconsciente é como um anjo da guarda, está sempre ali, pronto, a postos para cuidar de você. Ele está a todo tempo zelando por nossa integridade física e mental. No fundo, segundo o seu ponto de vista, ele espera OBTER algo POSITIVO para a pessoa através de cada comportamento gerado.

A grande verdade, é que todos os comportamentos, por mais que pareçam nocivos, prejudiciais ou impensados, têm sempre um propósito positivo para o nosso inconsciente. Por exemplo: quando gritamos com alguém, o inconsciente está procurando agir desta forma para que o outro nos ouça, nos reconheça! Podemos agredir para nos defender. Podemos nos esconder para nos sentir mais seguros.

Talvez seja difícil de imaginar, mas há sempre uma intenção positiva por trás do mapa de um suicida, de um assassino, de um ciumento, de uma pessoa autoritária, de um cabeça-dura, de um antissocial... e assim por diante!

4. Todo comportamento foi útil no contexto em que ele foi criado.

A nossa personalidade foi formada na infância e consolidada na adolescência. Assim, os nossos comportamentos e reações são geralmente criados na nossa infância, como uma estratégia para obtermos alguma coisa, algum ganho.

No momento em que este comportamento foi criado, esse comportamento foi extremamente útil, teve uma intenção positiva e obteve o resultado desejado. O problema é que muitas vezes essas estratégias ficam gravadas no nosso inconsciente até a fase adulta e assim passamos a operar no dia-a-dia. Esse passa a ser o nosso "programa" padrão.

Por exemplo: um bebezinho que descobre que ao chorar ou fazer uma determinada careta atrai a atenção dos pais, pode assimilar imediatamente esta estratégia e ser tornar um adulto chorão, que vive reclamando para atrair atenção. E assim, ao mudar a própria vida, e expandir seu mapa, este adulto prefere esperar que algo do mundo externo faça a mudança, assim como aconteceu na infância.

O lado bom de tudo isso, é que a PNL nos oferece estratégias para que sejamos capazes de desenvolver novos comportamentos, mais adequados às nossas realidades atuais.

5. Não existem erros, apenas resultados.

Eu adoro essa pressuposição. Quando eu descobri que não existem nem erros e nem acertos, e que tudo pode ser encarado como um RESULTADO, isso foi libertador para mim. Para cada ação nossa, nós obtemos um resultado. Este resultado pode nos aproximar dos nossos objetivos ou nos afastar dele.

Cada resultado se aproxima mais ou menos daquele que estávamos esperando, mas é simplesmente um resultado, nada mais. Se fizermos novas tentativas, novas escolhas, novas ações, novos resultados vamos obter. Não é incrível isso?!

Cabe aqui uma reflexão: mais importante que o resultado em si, é o que escolhemos fazer com ele. Obter determinados resultados na vida é inevitável. Nossa reação quanto a isso é opcional.

Nunca mais diga para você mesmo que você cometeu um erro, é apenas um resultado que você não queria. E o que fará com ele? Vai reclamar? Vai aprender? Vai mudar? Vai se conformar? A decisão é sua!

6. As pessoas têm, ou podem criar, todos os recursos que necessitam para agir efetivamente.

Sim, é isso mesmo. Todos nós já temos internamente tudo o que precisamos para entrar em ação e fazer acontecer. Se acreditarmos que não temos tais recursos, então podemos simplesmente criar estes recursos na nossa mente, através da modelagem.

Funciona assim: imagens mentais, vozes internas, sensações e sentimentos são os blocos básicos da construção de todos os nossos recursos mentais e físicos. Nós podemos usá-los para construir qualquer pensamento, sentimento ou habilidade que desejarmos, colocando-os depois nas nossas vidas onde quisermos ou mais precisarmos.

Assim, qualquer pessoa pode sentir segurança, medo ou alegria, autoconfiança e entusiasmo. Os recursos cerebrais necessários para isso são os mesmos. Mais uma vez, é uma questão de escolha!

Eu sempre pergunto aos meus buscadores que reclamam por exemplo que são inseguros e não conseguem agir efetivamente por conta do medo. A pergunta que faço é: "Será que não houve apenas um dia, um único dia na sua vida em que você se sentiu forte e seguro? Um dia só... pensa bem, deve ter pelo menos um dia, não teve?". E a resposta é sempre positiva. Assim com técnicas adequadas (que você vai aprender), fazemos uma regressão, buscamos este lindo momento na mente da pessoa e trazemos para o dia de hoje para aplicar onde ela precisa e deseja. É mágico! É PNL.

7. Mente e corpo formam um sistema único.

Você sabia que os nossos pensamentos mudam o nosso corpo? Você sabia que nossos pensamentos afetam a tensão muscular, afetam a nossa respiração e nossas sensações.

Existe uma ligação de mão dupla entre o corpo e a realidade que se está vivendo na mente em um determinado momento. Uma mudança de pensamento provocará sempre, de uma forma instantânea, uma mudança em algum lugar no nosso corpo e vice-versa.

É só observar: quando se está calmo, sereno e tranquilo, o corpo possui uma postura adequada a este pensamento e sentimento, a respiração é mais longa e profunda, não é? Agora lembre daquele momento em que se está ansioso ou nervoso, a respiração é mais curta, mais rápida, mais instável, o rosto fechado... travando os dentes talvez etc.

A verdade é que, quando aprendemos a mudar os nossos pensamentos, aprendemos a mudar o nosso corpo. Obviamente podemos fazer o inverso também, mudamos a postura do nosso corpo e os nossos pensamentos começam a mudar por consequência.

Eu costumo dizer que dá para ler os resultados que uma pessoa tem ou vai ter na sua vida só olhando para a postura física do corpo da pessoa. É para frente? Para cima e aberta? Sempre sorrindo? Ou está sempre fechada, com os braços cruzados, com cara feia, pisando alto? Ou ainda, está sempre calma, tranquila, anda devagar, fala baixo e pausadamente, ou está sempre correndo, afobada...

Passe a observar seus pensamentos e seu corpo vai mudar. Passe a observar o seu corpo e analise que pensamento havia segundos ou minutos antes para que seu corpo reagisse desta maneira.

8. Se você continuar a fazer as coisas exatamente como sempre fez, continuará a obter os mesmos resultados.

Quando vejo esta pressuposição, lembro sempre da célebre frase de Albert Einstein, que dizia que era insanidade "fazer as mesmas coisas vezes e vezes seguidas, esperando resultados diferentes cada uma das vezes". Isso é loucura! Não é?! Pois bem, as pessoas ainda custam a acreditar nisso...

Muitas pessoas querem mudar suas vidas, mudar tudo, mudar o mundo, mas não mudam o jeito de pensar. Continuam fazendo as coisas exatamente da mesma maneira, e ainda reclamam por não conseguirem resultados diferentes!

Se fazer as coisas sempre do mesmo jeito que sempre fez, não está lhe trazendo os resultados que deseja, então faça alguma coisa diferente já! Qualquer coisa...

Quer um resultado diferente?! Faça diferente da próxima vez.

9. Ter uma escolha é melhor do que não ter escolha.

Já ouvi diversas vezes pessoas me dizendo assim: *"Mas Meda, eu já fiz de tudo para mudar isso, não tem mais nada a fazer!"*. Eu respondo, OK, se você já fez de tudo, esquece, espera a morte! Não é possível que você realmente pensou diferente... não é possível que não tem uma única coisa diferente, que se você escolher esta opção, tudo vai mudar. A grande verdade é que as pessoas têm preguiça de pensar, a resposta: *"Não sei!"* é muito mais rápida do que um raio no céu.

A questão aqui é ampliar as suas OPÇÕES, as suas ESCOLHAS, as suas ESTRATÉGIAS. Ter apenas uma única maneira de fazer as coisas é o mesmo que não ter escolha. Nem sempre essa opção vai funcionar, assim, haverá situações com as quais não saberemos lidar.

Duas escolhas já coloca a pessoa diante de um dilema. Ter um mínimo de três opções diferentes de escolha representa segundo a PNL, uma situação mais eficiente. Ou seja, quanto mais escolhas tivermos, mais flexível é o sistema e melhor a possibilidade de decisão.

Enfim, em qualquer interação, as pessoas que têm mais opções, maior flexibilidade de comportamento, terão mais condições de lidar com a situação.

10. O significado da sua comunicação é a reação que você obtém. Portanto, o responsável pela comunicação é o comunicador.

O responsável pela comunicação é sempre o comunicador! Se existe uma falha de entendimento na comunicação, eu jamais posso culpar, ou responsabilizar o outro pela falha na comunicação. A efetividade da sua comunicação com outra pessoa é medida pela reação que você produz nessa pessoa, não importando qual era a sua intenção inicial. Você já havia parado para pensar nisso?

Os outros recebem o que dizemos e fazemos através dos seus mapas mentais do mundo. Portanto, o que eles entendem, na maioria das vezes, não necessariamente é o que você está dizendo, e sim o que está no mapa deles. Desta maneira, você, como responsável pela comunicação tem a obrigação de garantir o resultado desta comunicação.

É nossa obrigação como comunicadores efetivos ajustar a nossa comunicação, fazendo o *Rapport* adequado (comunicação verbal e não-verbal) ao modelo de mundo da pessoa que nos ouve, para que possamos efetivamente passar a mensagem que gostaríamos.

Eu diria que este é o meu grande segredo de oratória e comunicação para trabalhar com palestras, cursos e treinamentos.

Quando alguém ouve algo diferente do que tivemos a intenção de dizer, esta é a nossa chance de observarmos que a comunicação é o que se recebe! Observar como a nossa comunicação é recebida nos permite ajustá-la, para que, da próxima vez, ela possa ser mais clara.

Volto a afirmar:

O RESPONSÁVEL PELA COMUNICAÇÃO, É O COMUNICADOR.

11. É impossível não se comunicar.

Eu adoro esta pressuposição, pois é tão óbvia que se torna besta! Sabe aquelas pessoas que dizem: "Eu não vou falar nada?!", pois bem, já falaram, ou melhor... já se comunicaram. Tudo isso se intensifica ainda mais quando falamos de comunicação não-verbal.

A verdade é que estamos sempre nos comunicando, pelo menos não verbalmente, e as palavras são quase sempre a parte menos importante. Um suspiro, um sorriso ou olhar são formas de comunicação.

Até os nossos pensamentos são formas de nos comunicarmos conosco, e eles se revelam aos outros pelos olhos, tons de voz, atitudes e movimentos corporais. Lembre-se da pressuposição que "mente e corpo formam um único sistema", pois bem... querendo ou não, falando verbalmente ou não, você está se comunicando, seu rosto, seu corpo, seus gestos denunciam.

12. Nossa energia flui para onde colocamos a nossa atenção.

Você sabia que tudo, exatamente tudo o que colocamos a nossa atenção, aumenta. É uma questão de foco! Aquilo que damos foco, tende a aumentar, por quê? Porque o nosso pensamento gera energia, e a nossa energia flui para onde colocamos foco e atenção.

Ao pensar ou dizer: "Não pense em um fusca branco", eu tive que primeiro pensar no fusca branco para depois tentar eliminar ele da minha mente. Coloquei foco nele primeiro. Este exemplo não muda a vida de alguém, mas veja o próximo...

Não quero mais sofrer, não quero mais engordar, não quero mais perder dinheiro... e assim vai! Quando eu pergunto para as pessoas que dizem estas "coisas" o que então elas querem, elas respondem: "Eu já disse o que eu não quero!", e eu volto a perguntar: "Eu sei o que você não quer, agora eu quero saber o que você quer?".

As pessoas sabem o que não querem, mas não sabem o que querem. As pessoas tendem a colocar o foco e a atenção no que não querem e não naquilo que realmente desejam. Assim a energia flui para onde ela coloca a atenção.

Meda, então você está me dizendo, que se eu digo: "Não quero mais sofrer..." eu estou atraindo sofrimento? BINGO! É isso mesmo. Simples assim. Estamos falando da mecânica quântica, uma pressuposição fundamental da PNL. Você é o que você pensa! Vigiar os seus pensamentos, pode mudar, ou melhor, salvar a sua vida!

Uma outra forma de explicar esta pressuposição é: "Tudo aquilo que nós resistimos, na verdade persiste". Pois, muitas vezes focamos nas coisas que não queremos na vida para tentar evitá-las, sem perceber que estamos dando mais força para elas.

De posse desse princípio, precisamos aprender a nos focar nas coisas que queremos na vida e não nas coisas que não queremos. Só assim produziremos prosperidade!

13. Se uma pessoa é capaz de fazer uma determinada coisa, é possível modelá-la e ensinar outras pessoas a fazerem o mesmo.

Esta é a própria lei do sucesso! Esta pressuposição marca a principal filosofia e fundamento da PNL. Podemos estudar os comportamentos, as habilidades e as crenças de uma pessoa, criar um modelo e através dele ensinar outras pessoas a conseguirem os mesmos resultados.

Se não fosse por esta pressuposição, nada faria sentido na PNL.

14. A modelagem de uma performance de sucesso leva à excelência.

De forma complementar a pressuposição anterior, se modelarmos pessoas que possuem performances que as levaram ao sucesso em uma determinada área e reproduzirmos, estaremos mais próximos da excelência.

Foi com base nessa pressuposição que Bandler e Grinder decidiram modelar os maiores nomes da terapia na época. Assim criaram a PNL, assim surgiu o mundo do Coaching, assim muitas e muitas pessoas prosperaram, cresceram e mudaram as suas vidas modelando pessoas de sucesso.

3.4. O CONSCIENTE E O INCONSCIENTE

Eu gosto muito de começar a explicar a mente humana, dividida em duas partes: consciente e inconsciente com uma citação:

> "Processos mentais são essencialmente inconscientes e aqueles que são conscientes são meramente atos isolados"
>
> Sigmund Freud

Com foco na PNL, Robert Dilts e Judith DeLozier dizem que nossos processos CONSCIENTES são o resultado de um maior sistema de atividades, que na maioria das vezes são INCONSCIENTES.

Nossos pensamentos, comportamentos e emoções não necessariamente tem origem e estão diretamente relacionamentos com processos conscientes.

Ou seja, fazemos o que fazemos, sem tomarmos conta que estamos fazendo de maneira inconsciente, "sem pensar", no piloto automático da mente. Para a PNL quando temos consciência de um pensamento é porque ele já atingiu um nível de intensidade maior. Consciência é aquilo que percebemos no nível CONSCIENTE. É uma parte de um processo muito maior. Podemos perceber os nossos pensamentos, mas não temos consciência dos processos no nosso cérebro (INCONSCIENTE) que geraram estes pensamentos.

> "As pessoas possuem problemas, pois suas mentes Consciente e Inconsciente não estão em Rapport, como uma cavalo e um cavaleiro que não se entedem."
>
> Milton Erickson

Quando o inconsciente e o consciente entram em conflito, o INSCONSCIENTE domina, assume o controle e toma a decisão! A PNL considera que o inconsciente trabalha sempre a seu favor, com o objetivo de nos proteger sempre. Quando atingimos um nível de excelência na execução de uma atividade, sua execução está associada a uma competência que já é inconsciente. Ou seja, passamos pelos QUATRO ESTÁGIOS DA APRENDIZAGEM NA PNL:

1. Incompetência Inconsciente (não sei fazer e nem sei que existe)

2. Incompetência Consciente (agora sei que existe, mas ainda não sei fazer)

3. Competência Consciente (sei fazer e tenho consciência disso)

4. Competência Inconsciente (sei fazer tão bem, que agora ficou inconsciente)

A figura que melhor representa o CONSCIENTE e o INCONSCIENTE é um triângulo ou um iceberg, pois, para a PNL, apenas 5% dos nossos comportamentos, pensamentos e emoções são CONSCIENTES, e 95% é tudo INCONSCIENTE. Como um iceberg, conhecemos e vemos apenas a pontinha dele... mas lá nas profundezas do fundo do mar há muito mais coisas que estão escondidas.

```
         Consciente          5%
         ─────────────
         Inconsciente       95%
```

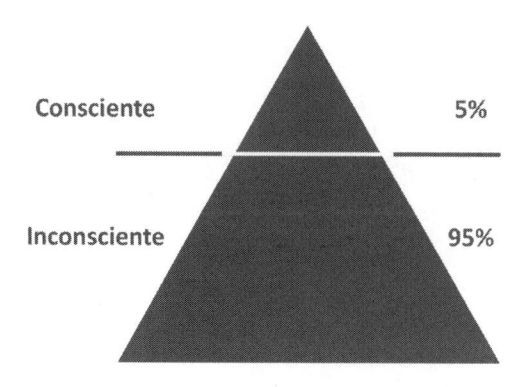

Para facilitar ainda mais o seu entendimento, segue a tabelinha abaixo, montada com alguns pontos fundamentais sobre o consciente e o inconsciente:

CONSCIENTE	INCONSCIENTE
Pensamentos e comportamentos planejados	Cuida da integridade física e biológica. PROTEÇÃO
Raciocínio Lógico.	Lógica tem pouca importância.
Organiza razoavelmente bem os fatos cronologicamente (tempo).	É atemporal. Organiza os fatos por qualidade.
Compreende bem a linguagem figurada. "Esta menina é um doce."	É literal. "Tente levantar esta cadeira."
Necessita de descanso. Dorme! "Desliga".	Funciona o tempo todo. É reponsável pelos sonhos.
Representa uma parte.	Representa o todo.
Diferencia a realidade da imaginação.	Não diferencia o que você vive no momento (real) do imaginário.

Faz sentido para você? Vamos mergulhar um pouco em algumas reflexões...

Na PNL nossos processos conscientes são resultados de um maior sistema de atividades, a maioria NÃO consciente. Nossas emoções, pensamentos e comportamentos não necessariamente têm origem nos processos conscientes.

O QUE EU ENTENDI?

COMO APLICO ISSO NA MINHA VIDA PRÁTICA?

Na PNL quando temos consciência de um pensamento é porque ele atingiu um nível de intensidade maior. Consciência é aquilo que percebemos no nível consciente. É uma parte de um processo muito maior. Podemos perceber os nossos pensamentos, mas não temos consciência dos processos no nosso cérebro que geram estes pensamentos.

O QUE EU ENTENDI?

COMO APLICO ISSO NA MINHA VIDA PRÁTICA?

Milton Erickson dizia que seus clientes tinham problemas porque as suas mentes conscientes e inconscientes não estavam em *Rapport*.

O QUE EU ENTENDI?

COMO APLICO ISSO NA MINHA VIDA PRÁTICA?

Quando atingimos um nível de excelência na execução de uma atividade, sua execução está associada a uma competência inconsciente. A PNL considera que o inconsciente trabalha a seu favor.

O QUE EU ENTENDI?

COMO APLICO ISSO NA MINHA VIDA PRÁTICA?

3.5. MAPAS E FILTROS

Aqui está um dos principais conceitos da PNL: **MAPAS** e **FILTROS**. Quando você estudou comigo as pressuposições, entendeu que as crenças da PNL definem como funciona a mente humana. Acredito que ficou claro para você que cada pessoa é diferente, por pensar diferente. Cada pessoa é diferente porque vê o mundo de uma forma diferente. Cada um tem a sua percepção de ver o mundo, a sua forma de entender o mundo, ou seja, as suas percepções da realidade, as quais estão relacionadas as experiências que cada um de nós vivenciamos nesta vida.

A pergunta que reforça este conceito tão fundamental é a seguinte: **"Será que o mundo como vemos é realmente verdadeiro?"**.

A resposta para esta pergunta é bastante intrigante. Tenho buscadores que chegam a travar quando refletem sobre isso, pois na verdade, o que chamamos de REALIDADE é apenas a NOSSA PERCEPÇÃO PARTICULAR dela e não é ela. Ou seja, é a nossa percepção particular e única do que acontece lá no mundo lá fora.

É assim que percebemos a realidade do mundo que nos cerca. É através das informações colhidas no mundo externo e canalizadas através dos nossos cinco sentidos: visão, audição, tato, olfato e paladar, que observamos, sentimos, vemos, ouvimos e entendemos o mundo.

É por isso que uma cor é bonita para alguém, mas para outro não. Um sabor é agradável para uma pessoa, e o mesmo sabor não é agradável para outra pessoa. O que acreditamos ser o gosto de uma maçã é na verdade a percepção do nosso paladar a um determinado estímulo externo e uma consequente interpretação subjetiva deste estímulo. A partir daí damos o nome de REALIDADE a essa nossa própria interpretação e acreditamos que o gosto de uma maçã é o mesmo para todas as pessoas. Juro que não é!

Talvez você entenda agora o principal motivo dos conflitos nos relacionamentos e na comunicação: cada um tem o seu MAPA, e o que é óbvio para você, não é obvio para o outro. Entenda que "óbvio" é apenas uma forma de ver a realidade, mas não é a realidade. Portanto MAPA é como percebemos o mundo!

> **A REALIDADE NÃO EXISTE. O QUE EXISTE É UMA PERCEPÇÃO INDIVIDUAL DELA.**

Temos um outro ponto fundamental aqui: há limitações biológicas neste nosso sistema coletor de informações (visão, audição... etc). *O cérebro humano não consegue perceber a realidade como ela realmente é!* Ou seja, nossas PERCEPÇÕES SÃO LIMITADAS E FOCALIZADAS.

Eu vou repetir, pois isso é fundamental para você entender e trabalhar com a PNL: nossas percepções são limitadas e focalizadas. **As limitações, chamamos de MAPA, o foco, chamamos de FILTRO.**

Um belo exemplo de filtro é quando estamos dispostos a comprar um carro (novo ou usado) não importa. Saímos na rua e começamos a "focar" aquele carro que estamos interessados. De repente, por onde olhamos só vemos aquele carro. Na rua, na TV, na revista, na Internet. Parece que todos na cidade só têm aquele carro, de repente, parece que tem mais deste carro que os demais carros no mundo. É verdade isso? NÃO! É apenas o seu filtro... e você está vendo muito mais daquilo que está observando.

Quer outro exemplo? Você tem filhos? Quando você estava grávida ou sua esposa estava grávida, o que acontecia quando você passeava no shopping? Só tinha mulheres grávidas, não é? Só aparecia lojas de bebês... pra todo lado. Você seria incapaz de ver outras coisas, pois o seu filtro está no novo baby que está chegando.

Eu tenho hoje três filhos, e olha que legal que acontece comigo... quando meu filho Biel e minha filha Bella usavam fraldas, quando eu entrava na farmácia qual era a primeira coisa que eu via? A pilha gigante de fraldas na minha frente! Depois eles cresceram, eu continuava indo na farmácia, mas tinha a plena sensação que os vendedores tinham trocado a pilha de fralda de lugar... que a tal pilha não estava mais lá... claro, pois eu tinha mudado o meu campo de percepção, meu filtro. Agora que a Bia nasceu, nossa terceira filha, ainda bebê, a pilha de fralda "voltou" a ocupar o seu lugar de destaque na farmácia.

1. Que FILTROS você tem dado na sua vida?

2. Perceba que resultados estas áreas da sua vida tem, por conta de você colocar filtro e energia nela?

> 3. O que acontece com algo que você não coloca filtro?

Faça uma REFLEXÃO COMIGO?

Continuando... não vemos necessariamente tudo o que nos é visível. Somente o que está no nosso FILTRO DE PERCEPÇÃO. Também não prestamos atenção a tudo que é audível, somente o que está no nosso FILTRO DE PERCEPÇÃO. Nosso cérebro possui uma capacidade limitada de processamento simultâneo de informações conscientes em **sete (mais ou menos dois)**.

Como é que é Meda?! É isso mesmo... para nossa própria segurança, senão enlouqueceríamos com a quantidade de informações, nosso campo de percepção consegue perceber (ver, ouvir, sentir...) de cinco a nove informações ao mesmo tempo. Estas percepções estão baseadas nos FILTROS que estamos usando no momento. Filtro é a forma de "filtrarmos" a realidade que nos cerca.

Ou seja, vemos e ouvimos somente aquilo que queremos ver e ouvir! Para processamento cerebral, nós "filtramos" uma grande quantidade de informações simplificando depois, focando apenas naquelas que são interessantes segundo nossas CRENÇAS, VALORES, PRESSUPOSIÇÕES, CULTURA, PROFISSÃO, MEMÓRIA ANTERIOR, INTERESSES etc...

Por este motivo que Bandler dizia que

"Mapa não é Território",

pois por mais detalhado que seja um mapa, ainda assim ele não é um território. É uma representação que dá mais relevância a determinadas informações em detrimento de outras (vegetação, relevo etc...), depende do que eu quero ver (filtro) no mapa.

Nossas mentes trabalham com MAPAS DA REALIDADE. Estes mapas são abstrações ou representações da realidade, únicos e diferentes para cada pessoa. Para a construção desses mapas, o nosso cérebro se utiliza principalmente de três mecanismos, chamados de FILTROS de **GENERALIZAÇÃO, OMISSÃO E DISTORÇÃO.**

Estudemos, então, os três MECANISMOS para GERAR MAPAS!

3.5.1. GENERALIZAÇÃO

Quando temos uma experiência específica, tendemos a torná-la válida para outras outras situações diferentes da primeira. Ou seja, quando algo acontece na nossa vida e gravamos esta experiência, temos a tendência de GENERALIZAR e achar que tudo vai acontecer a partir de agora deste mesmo jeito, com base na mesma experiência, no mesmo resultado. A partir de uma experiência conhecida, generalizamos para as próximas.

Um exemplo disso, é o que permite saber que lado giramos a válvula de uma torneira para sair água. Se não fosse assim, teríamos que estudar cada torneira para saber como funciona, como se fosse sempre a primeira vez. Se uma criancinha, ou melhor, um bebê, gira a torneira para um determinado lado, e o resultado é positivo e a água sai, ela torna a repetir o processo e verifica que tem o mesmo resultado. Conclusão: ela aprende que ao girar a torneira para aquele lado, a água SEMPRE sai.

Sabe o que é divertido agora? Imaginar você aí, girando na sua mente ou na sua mão para a direita ou esquerda no ar, para "lembrar" que lado abre uma torneira. Por que isso acontece? Porque esta informação está no seu inconsciente de forma GENERALIZADA e você faz isso sem pensar.

O que acontece quando uma pessoa está diante de uma torneira com sensor automático pela primeira vez? Alguma confusão? É a quebra do padrão inconsciente... você precisa parar para pensar, não é mesmo?

REFLITA COMIGO:

1. Quantas coisas você faz na sua vida de forma generalizada? Sem pensar?

2. Quantas coisas, sejam comportamentos ou hábitos, você tem executado de forma geral e nem percebe que está fazendo isso?

3. Quando foi que você aprendeu a se comportar assim?

> 4. Esse comportamento ainda é interessante para você, ou já está na hora de abandoná-lo?

3.5.2. OMISSÃO

Vamos ao segundo mecanismo de geração de mapas: A OMISSÃO. Você sabia que parte da informação que captamos do mundo externo é simplesmente OMITIDA? Tendemos a remover do nosso modelo mental, partes que são julgadas SEM IMPORTÂNCIA.

Por exemplo: ao descrevermos uma árvore, podemos falar do seu tamanho, das cores, das flores etc... podemos omitir algumas informações importantes a respeito desta árvore, como por exemplo a curvatura dos seus galhos, a quantidade de folhas, as cores das folhas...

Aqui nascem os nossos problemas de comunicação, pois ao descrever esta árvore para outra pessoa, ela sem perceber vai COMPLETAR as informações que faltaram na sua fala (QUE VOCÊ OMITIU). Ela fará isso inconscientemente com base no seu próprio conteúdo e experiência (MAPA DELA) de como é uma árvore. É neste momento que você fala uma coisa e o outro entende outra. Ou pior, você "pensa que falou", mas não falou (porque você omitiu partes importantes na fala) e aí a segunda pessoa vai GENERALIZAR com o mapa dela o que você OMITIU. Entendeu a merda que isso dá?!

Ao passarmos tais informações omitidas para frente, parte da descrição foi perdida. É a parte que foi perdida, em seguida foi recriada por quem recebeu a mensagem, porém um modelo mental / mapa diferente do seu. Lembra que você aprendeu nas pressuposições que o "Responsável pela comunicação é o comunicador"?, pois bem, cuidado com as suas omissões.

Sabe o que acontece agora? Isso abre caminho para o terceiro mecanismo de geração de mapas, pois quando você OMITE, o outro GENERALIZA e aí a comunicação DISTORCE!

3.5.3. DISTORÇÃO

Distorção é quando tendemos a colocar nossas interpretações e julgamentos sobre o que observamos ao invés de deixar no modelo mental / mapa apenas o que realmente ocorre na realidade.

Duas coisas acontecem aqui: a primeira que citei no final do item anterior a esse: VOCÊ omite e o OUTRO generaliza, assim ocorre a distorção. Porém outra coisa muito séria também acontece... é quando você FERE o mapa do outro, quando você RASURA o mapa do outro. Mapa é mapa!

Alguém de cara feia pode estar zangado, mas também pode estar com dor de barriga. Alguém de cara feia, pode ser que esteja assim com você, ou não, ele não está nem aí com você e o problema dele é com outra pessoa ou outra coisa... e ficamos distorcendo!

Volto a afirmar: a maior parte dos conflitos humanos está aqui. A maior parte das discussões em relacionamentos: no casamento, com os filhos, na relação com os colegas de trabalho, na liderança... Tais conflitos e discussões entre os seres humanos vem da falta de consciência de que VEMOS APENAS UMA PARTE DA REALIDADE e cada um de nós VÊ UMA REALIDADE DIFERENTE. Assim, acabamos brigando para provar que a nossa "realidade" é a correta, a verdadeira.

Eu garanto que esta consciência ampliada salvaria o mundo, salvaria os casamentos, as relações familiares e profissionais. Saiba que se um botânico, um lenhador e um artista passarem pela mesma floresta, cada um verá uma floresta diferente, pois cada um observa somente aquilo que é interessante a ele.

Juro que há de 6 a 7 bilhões de realidades diferentes no planeta e não nos cabe JULGAR a certa ou errada, até porque não existe! Cada um tem a sua.

Por favor, NÃO RASURE MAPAS!

capítulo #04
OS METAMODELOS LINGUÍSTICOS

Com base nos conhecimentos aprendidos sobre as Pressuposições, sobre os Mapas, os Filtros e principalmente sobre os Mecanismos de Geração de Mapas: Generalização, Omissão e Distorção, podemos então começar a estudar os METAMODELOS LINGUÍSTICOS.

META é tudo aquilo que "está por trás", ou seja, por trás do nosso modelo de comunicação, existe o que "está por trás" da nossa comunicação. A comunicação por trás da comunicação, a meta comunicação. O Metamodelo linguístico. Conhecer, observar, entender e interpretar os Metamodelos é a chance de uma nova forma de comunicação com o mundo externo e com você mesmo. A mudança que você tanto espera na sua vida, começa pela sua linguagem, ou melhor, pela sua linguística.

Nosso pensamento é muito mais rápido do que nossa comunicação verbal, isso é um grande fato! Então, quando falamos estamos processando uma informação de uma forma mais lenta do que ela foi CRIADA. O resultado final é que a mensagem transmitida de forma verbal nem sempre corresponde a ideia original formada pelo nosso cérebro. Ela vem resumida com algumas partes eliminadas!

Como citamos na página anterior e no capítulo anterior, nossas ideias podem também ter sido influenciadas por filtros, generalizações, deleções e distorções, limitando a nossa percepção da realidade.

> **O METAMODELO é uma poderosa ferramenta da PNL que traduz o que o seu interlocutor disse para o que ele realmente queria dizer.**

A partir daí, compreendemos melhor o mapa da outra pessoa. Além disso, como o mapa do comunicador não é o território dele, o METAMODELO proporciona novas percepções que nem ele tinha, gerando opções adicionais.

Quando Bandler e Grinder criaram a PNL, o Metamodelo foi a primeira ferramenta desenvolvida por eles a partir da modelagem de padrões linguísticos de Fritz Perls e Virgínia Satir. Por isso, a PNL, antes de chamar PNL, chamava-se META.

Importante citar que através do METAMODELO:

1) Recuperamos informações, ou seja, obtemos dados eventualmente omitidos na linguagem oral;

2) Compreendemos o que nosso interlocutor quer dizer, evitando interpretações diferentes do que a mensagem que a outra pessoa tinha como objetivo transmitir;

3) Desafiamos crenças limitantes, que a pessoa que transmite a mensagem, inconscientemente, está impondo, possibilitando mais opções de ações.

Vamos agora estudar um a um cada Metamodelo.

1) ÍNDICE REFERENCIAL NÃO ESPECIFICADO:

- Quando o SUJEITO não está especificado

> - *"O mundo não me entende!"*
> - *"Erros foram cometidos."*
> - *"Ninguém gosta de mim."*
> - *"Eles não se importam."*

PADRÃO DE OMISSÃO!

- Como não tem o sujeito, as pessoas distorcem! Como a linguística de quem falou não tem a informação completa, cada um vai completar com a informação do SEU MAPA!

QUEM ESPECIFICAMENTE? O QUE EXATAMENTE?

2) VERBO NÃO ESPECIFICADO:

- Um verbo não especificado não descreve COMO o evento ocorre ou sua forma de ação.

> - *"Fiz uma ótima apresentação."*
> - *"Eu o convenci a fazê-lo."*
> - *"Impressionei-a bastante."*

PADRÃO DE DISTORÇÃO!

- Se o verbo não for especificado dá margem para a DISTORÇÃO

COMO EXATAMENTE...?

3) UNIVERSAIS:

- São generalizações do tipo:
SEMPRE, NUNCA, TODO MUNDO, NINGUÉM

- É algo que acontece uma vez ou outra e a pessoa GENERALIZA!

- *"Todo mundo está rindo de mim."*

- *"Você sempre faz isso."*

- *"Os homens não são confiáveis."*

PADRÃO DE GENERALIZAÇÃO!

(TRABALHE COM EXEMPLO CONTRÁRIO)
(EXAGERE COM RAPPORT)
(ISOLE OU QUESTIONE O UNIVERSAL)

4) OPERADORES MODAIS DE NECESSIDADE:

- São afirmações que pressupõe REGRAS ou LIMITES do que é necessário ou adequado a uma situação

- *"EU PRECISO"*   *"EU DEVO..."*   *"EU TENHO"*

- Existe uma autoridade interna na cabeça da pessoa

- Regras no mapa da pessoa significam que ela segue MANDAMENTOS

- São REGRAS INTERNAS

"Tenho que trabalhar muito nesse projeto"

"Você não deveria acordar tarde todos os dias"

O QUE ACONTECERIA SE...?

5) OPERADORES MODAIS DE POSSIBILIDADE

- São afirmações que pressupõe **REGRAS** ou **LIMITES** do que é **POSSÍVEL** ou **NÃO**

- Regras do que **PODE** ou **NÃO PODE** de acordo com sua REGRA INTERNA

"Você não pode contar a verdade."

"Eu não posso pedir isso a meu chefe."

> #3 PERGUNTAS DIFERENTES:
>
> A- O QUE ACONTECERIA SE...
> B- O QUE TE IMPEDE DE...
> C- COMO SERIA SE...
>
> (SE VOCÊ PUDESSE)

6) COMPARAÇÕES

- A pessoa faz uma comparação, mas só na mente dela. Ela não diz!

- Há dois elementos de comparação no mapa da pessoa, mas ela não coloca a referência.

- Fica uma comparação vazia. Desta forma, quem ouve coloca a SUA PRÓPRIA referência e aí DISTORCE.

"É melhor ficar quieta!"

"Estou perdida"

> EM RELAÇÃO A QUE ESPECIFICAMENTE?
> COMPARADO A QUE?
> EM COMPARAÇÃO A QUE?

capítulo #05
A ESTRUTURA DA PNL

Todos os capítulos são importantes, pois cada um deles possui um pedaço, uma parte da PNL para que ela funcione. Porém, eu diria para você, como dica: invista tempo e dedicação neste capítulo, pois entender a estrutura da PNL que descreverei neste capítulo, fará com que você trabalhe efetivamente com a PNL, tanto em você, como aplicando as técnicas nas outras pessoas, em caráter de autodesenvolvimento apenas, ou de uma maneira mais profunda e terapêutica.

Eu diria o seguinte: a PNL é como uma casa, que vai sendo construída tijolo a tijolo, porém, para que esta casa possa ficar de pé, é necessário construir a base, o alicerce, a ESTRUTURA da PNL. E neste capítulo você vai aprender conceitos e fundamentos da PNL que serão utilizados por todas as técnicas. O que eu estou lhe escrevendo é que, não será possível aplicar a PNL, sem entender, conhecer e dominar os seguintes conceitos:

1. Segmentação

2. Associado e Dissociado

3. Sistemas Representacionais

4. Submodalidades

5. Calibragem

6. Ancoragem

Funciona assim: na PNL, quando estudamos a mente humana, um dos principais estudos está baseado em entender como a pessoa "gravou" uma determinada informação na mente. Ou seja, é fundamental saber como o "programa" foi instalado.

Este programa, com certeza, carrega um fato, um evento, um acontecimento, de um determinado momento, e obrigatoriamente está CARREGADO DE EMOÇÃO. É a carga emocional desta memória que faz com que este programa seja um programa especial na sua mente, e todas as vezes que acontecer algum evento externo, que tenha relação com o fato do passado, este programa "vai rodar". Uma vez acionado este programa, seus comportamentos, suas atitudes e sua habilidade com relação a este assunto irá funcionar, pela forma como este programa foi gravado na sua mente.

Quando um neurônio conversa com outro, acontece uma Sinapse (talvez você se lembre deste nome da escola). Neste momento, acontece uma descarga de energia neste caminho neuronal, e uma química cerebral, integra o fato percebido (na visão, na audição, na sensação etc...) com uma EMOÇÃO atrelada.

Por exemplo: chegar em casa com uma nota ruim que você tirou na escola e o papai acabar com você verbalmente pela sua incompetência e burrice (de acordo com o mapa dele). Outros exemplos ainda mais fortes, um acidente de carro, uma perda de uma pessoa amada. Tais fatos emocionais, acontecem em determinados dias, em determinados contextos. De repente, em um dia nublado e chuvoso, acontece a morte da sua avozinha que você tanto amava, o que lhe causou na ocasião muita dor e sofrimento. O que vai acontecer? Vai ser "gravado" na sua mente, uma informação mais ou menos assim: Dias nublados são dias tristes? Por que? Pois a vovó faleceu em um dia nublado. Assim dias chuvosos e nublados são integrados (FATO + EMOÇÃO) e você passa a interpretá-los a partir de hoje desta única forma.

Frits Perls chamava este evento de GESTALT, que no alemão, significa "FORMA". Dia nublado para a pessoa A pode ser um dia de paz, de tranquilidade, de serenidade. Para a pessoa B, pode ser um dia triste, de sofrimento. E, para a pessoa C, pode ser um dia de extrema felicidade.

Ora, se o dia nublado é sempre o mesmo (REALIDADE), porque para três pessoas diferentes tem uma conotação diferente? Pois depende do que aconteceu de importante e relevante em algum dia da sua vida (FATO + EMOÇÃO) que "gravou" na sua mente que todo dia nublado é... (MAPA ou PERCEPÇÃO DA REALIDADE).

Bom, onde estou querendo chegar com tudo isso? A PNL tem a função principal de mudar significados que damos para determinados momentos em nossas vidas. Não precisamos mais carregar determinadas dores ou sofrimentos do passado para sempre. Podemos ressignificar momentos ruins, tristes ou mesmos dolorosos de perda. Podemos ressignificar traumas, conseguir perdoar. Podemos mudar hábitos e comportamentos de insegurança, de procrastinação, de preguiça. Imagina poder mudar situações que lhe causam medo? Pois bem... é para tudo isso que a PNL existe.

Porém para fazer com que tudo isso funcione, você precisará da Segmentação, do Associado e Dissociado, dos Sistemas Representacionais, das Submodalidades e das Âncoras. Portanto, vamos em frente?

Ah... mas antes disso, eu preciso lhe apresentar um outro elemento, que tem a ver com a EMOÇÃO. É o seguinte...

Uma Gestalt de memória tem sua relevância a partir do momento em que ela está carregada de emoções. Lembra do filme Divertidamente da Disney? Cada bolinha colorida daquela, é uma Gestalt. Pois bem, cada bolinha do filme tinha uma cor lembra? A amarela representava uma memória com ALEGRIA, a azul uma memória com

TRISTEZA, a vermelha com RAIVA, MEDO e assim por diante. Se você não assistiu o filme, fica a dica!

Uma Gestalt dessa gera uma CRENÇA. A crença tem um poder fundamental no inconsciente, para isso, vamos estudar profundo os Níveis Neurológicos de Robert Dilts, e o curso de PNL 2 da MEDA está totalmente baseado em Crenças, para você ter uma ideia da importância deste assunto na PNL.

Uma CRENÇA sempre é "gravada" na base inconsciente da mente, naqueles 95%. Lá estão as nossas memórias mais profundas e relevantes, que faz com que 95% das vezes nos comportamos para corresponder às crenças que ali foram instaladas. Estou te contando tudo isso antes de seguirmos em frente, porque uma CRENÇA foi gravada na sua mente inconsciente de duas formas:

Opção A) Ou por REPETIÇÃO

Opção B) Estado EMOCIONAL alterado

Ou uma crença foi gravada na sua mente, pelo poder do hábito ou da repetição, onde o papai sempre falava algo da mesma forma, por anos, ou a mamãe sempre fazia algo que você interpretava sempre da mesma forma, ou sempre... sempre e sempre. Ou seja, fatos repetidos, com um contexto parecidos ou não, mas que possuem relação, de tanto que você vê, ouve e sente aquilo acontecer, você acaba por ACREDITAR naquilo, o que instala COM O TEMPO uma crença na sua cabeça.

A outra forma, que temos para gerar uma crença, além da repetição, é o estado emocional alterado. Esta é muito mais forte e mais rápida. Basta um dia, um fato, um momento, um trauma, uma alegria intensa, não importa, desde que tenha uma CARGA EMOCIONAL muito forte, o que acontecer naquele momento, imediatamente, vai para o Inconsciente como uma crença e vira uma regra interna. Sem maiores filtros lógicos, simplesmente, o inconsciente absorve o acontecimento como algo que "muda" a percepção. A nova crença se consolida e a partir de agora esta é a nova forma da pessoa ver o mundo.

> A PNL pode lhe ajudar a mudar algo na sua vida pelo poder do hábito e da repetição, pois ela faz ajustes na sua linguagem, através dos Metamodelos Linguísticos. Porém, a PNL se torna muito mais efetiva, quando ela promove uma mudança com o ESTADO EMOCIONAL alterado.
>
> Por este motivo, as técnicas da PNL e durante todo o nosso curso em Serra Negra, você passará por abordagens que vão alterar o seu estado emocional. Sendo assim, a mudança irá gerar um ressignificado imediato nas suas percepções passadas, mudando as suas Gestalts imediatamente, gerando assim novas crenças e a mudança acontece.

Enfim, a mudança na sua vida pode ser assim: ou pela repetição, por um novo hábito, que é mais lento e mais difícil, mas que de alguma forma gera a nova crença que vai se consolidando e virando a nova regra. Ou você promove uma mudança como um "choque", de uma vez, com uma carga emocional muito forte e assim esta mudança cria uma crença que imediatamente se consolida e vira a nova regra.

Assim, os conceitos a seguir têm um único e grande propósito, ALTERAR a FORMA como o ESTADO EMOCIONAL foi gravado na sua mente.

Nós chamamos isso de REPRESENTAÇÃO INTERNA.

Na sua mente cada FATO + EMOÇÃO é gravado na sua mente como um REPRESENTAÇÃO INTERNA. Ou seja, a Gestalt ou o caminho neurológico carrega detalhes do fato, como por exemplo o ambiente que você estava, o som do ambiente, o cheiro do ambiente, as cores, a música, as vozes, as roupas, o frio, o calor, a intensidade das sensações etc. Além do ambiente, está gravado na sua REPRESENTAÇÃO INTERNA como você e as outras pessoas se comportavam, o que faziam e como faziam. Mais forte ainda que tudo isso, estava sendo gravado naquele momento os valores que estavam sendo atendidos ou corrompidos, e novas e novas crenças sendo reprogramadas (boas ou ruins, não importa), algumas delas poderiam até estar mudando a sua identidade.

Fato é que uma REPRESENTAÇÃO INTERNA na sua mente, carrega um FATO + EMOÇÃO que pode estar:

1. ajudando-lhe a conquistar seus objetivos na vida;

2. atrapalhando-lhe a conquistar seus sonhos, metas e objetivos na vida.

As representações internas que são boas, vamos deixa-las do jeito que está, no máximo vamos fortalecê-las. Mas, as representações internas que estão ruins, eu chamaria de "os programas bugados" da sua mente, essas vamos mudar, vamos redesenhá-las.

E como faz isso? Simples! Como elas são "figuras", "desenhos com sons e sensações" na sua mente, vamos mudar estas figuras. Vamos mudar as representações e percepções dadas a elas. Vamos DIMINUIR o **SOM**, por exemplo, se for uma representação ruim. Vamos AUMENTAR o **SOM** se for uma representação boa. Vamos APAGAR ou DESFOCAR uma **IMAGEM** ruim da sua mente, ou vamos dar mais BRILHO e INTENSIDADE em uma IMAGEM que é boa na sua mente. Pode ainda aumentar ou diminuir uma **SENSAÇÃO FÍSICA**.

Não é genial isso? Isso é PNL.

Adivinha o que acontece quando eu AUMENTO um SOM ou um BRILHO?

Advinha o que acontece quando eu DIMINUO um SOM ou um BRILHO de uma memória?

Quando eu aumento uma REPRESENTAÇÃO INTERNA na sua mente, eu AUMENTO a **EMOÇÃO!** Quando eu diminuo uma REPRESENTAÇÃO INTERNA na sua mente eu DIMINUO a **EMOÇÃO**. Uhullll.... bingooooo! E se diminuirmos a emoção, eu diminuo a **DOR**, o **SOFRIMENTO** e assim **mudo o SIGNIFICADO daquele "programa"!**

Pronto... segredo revelado. Esta é a PNL. Por isso é mágica!

Mas Meda, como eu faço isso?

Com os próximos tópicos a seguir... Segmentação, Associado e Dissociado, Sistemas Representacionais... etc.

5.1. SEGMENTAÇÃO

Marcel Proust dizia que "... a verdadeira viagem não está em sair à procura de novas paisagens, mas em possuir novos olhos". Assim, quando focamos nossa atenção em algo, podemos fazê-lo de várias formas. Isto dependerá de como organizarmos um determinado tipo de informação e pode variar de pessoa para pessoa.

A SEGMENTAÇÃO na PNL está relacionada em como uma pessoa usa a sua ATENÇÃO. Assim, se alguém observar a figura abaixo, poderá definir que está vendo a imagem de:

**Um animal?   Um cachorro?   Um buldogue?
Um cão bravo?
Um cão bravo que está querendo carinho e atenção?**

Ou seja, tudo isso depende do aspecto MACRO ou MICRO no mapa da pessoa. Tudo depende de como ela utiliza a informação e a representação interna para analisar uma situação ou um fenômeno, o que afeta sua capacidade de recordação de informações. Estas informações podem ser agrupadas por diferentes níveis de especificidade.

Outro exemplo:

É um carro?   É um fusca?   É um fusca 69?
É um fusca 69, azul, motor 1300?

O nível analisado (MACRO ou MICRO) pode ser aplicado a apenas alguns elementos ou a toda uma categoria mais ampla. SEGMENTAR nos ajuda a mudar o nosso FOCO DO DETALHE para o GERAL e VICE-VERSA.

Quando SEGMENTAMOS PARA CIMA, estamos nos movendo de partes menores, mais específicas, para partes maiores e mais genéricas (Animal, Carro). Assim se observarmos algo no céu como um Boeing 767, ao segmentar para cima, diremos simplesmente que é um avião a jato, mais para cima, um meio de transporte e segmentando ainda mais para cima ainda, uma forma de conforto.

Já quando SEGMENTAMOS PARA BAIXO, nos movemos de partes maiores, gerais, para as partes menores, mais específicas. Assim se observarmos algo como um livro, ao segmentar para baixo, podemos dizer que se trata de um capítulo, de uma página, de um parágrafo e finalmente de uma frase.

Existe ainda a SEGMENTAÇÃO LATERAL, que ocorre quando nos movemos dentro de diferentes elementos de uma mesma categoria. A segmentação lateral de um sorvete pode ser um pudim de leite, uma bomba de chocolate, que são todos tipos de sobremesa.

Ok, mas para que tudo isso funciona? Para mudar a nossa representação interna sobre algo na nossa mente. É para flexibilizar um padrão engessado de pensamento. Ter a flexibilidade de segmentar nos ajuda a perceber uma situação sob diferentes níveis, evitando generalizações do tipo "isso nunca vai funcionar", "ninguém me ama". Perceba que os metamodelos foram trabalhados mudando a segmentação? "Quem especificamente não te ama? (segmentei para baixo).

Por outro lado, eu posso segmentar para cima, em um processo hipnótico fazendo com que a pessoa se conecte a algo muito maior que aquele conflito específico com uma pessoa da família, "subindo-a" a perceber o valor **família**, depois **amor**, depois Deus.

Ou seja, a partir de agora, em toda conversa com alguém perceba o foco que a pessoa está dando na conversa, se está segmentado para cima ou para baixo. Não existe qual é o correto ou o melhor, porém se você precisa ajudar a pessoa a ver por outro ponto de vista, segmente para o lado oposto ao que ela está "travada" ou "bugada", simples assim.

Por fim, é importante perceber que de acordo com a segmentação que ocorrer na mente da pessoa, a EMOÇÃO vai aumentar ou diminuir. Este é o objetivo: ajustar o estado emocional na representação interna.

5.2. ASSOCIADO E DISSOCIADO

Uma outra forma de alterarmos a representação interna emocional é o ASSOCIADO e DISSOCIADO. Este conceito nós vamos utilizar muito, muito mesmo na PNL. Julgo lhe dizer que em TODAS as técnicas da PNL, 100% delas terá ASSOCIADO e DISSOCIADO.

É o seguinte: quando você se lembra ou revive uma experiência de forma que suas lembranças são formadas na sua mente como se você estivesse vendo A PARTIR DOS SEUS OLHOS, ouvindo COM SEUS OUVIDOS, sentindo a partir DO SEU CORPO, em resumo, como se você estivesse DENTRO DE VOCÊ mesmo, dizemos que você está **ASSOCIADO**.

> **Estar associado a uma cena, uma memória, uma percepção, torna a experiência MUITO MAIS INTENSA, portanto a carga EMOCIONAL é MAIOR. Sempre que estiver associado a emoção será mais FORTE.**

A associação é útil quando queremos fortalecer uma emoção. Fazer com que a pessoa sinta com ainda mais intensidade aquela emoção (boa ou ruim) que ela está trazendo para ser trabalhada com a PNL.

ASSOCIAR significa criar um **"campo psicogeográfico"** e entrar dentro dele. Associar-se a ela, para sentir a emoção de uma forma mais intensa. Vamos trabalhar isso especificamente em cada técnica da PNL Sistêmica.

Já o contrário é a DISSOCIAÇÃO, onde você está se lembrando ou revivendo uma experiência do ponto de vista de um OBSERVADOR EXTERNO. É como se você estivesse vendo em um cinema o filme do comportamento de uma outra pessoa, passando na tela (que é você). Está relacionado com uma terceira posição perceptiva.

107

> **Estar dissociado da cena, da memória, da percepção, torna a experiência MUITO MENOS INTENSA, portanto a carga EMOCIONAL é bem MENOR. Sempre que estiver dissociado a emoção será mais FRACA.**

A dissociação é útil para rever experiências e tirar delas um aprendizado ou mesmo ressignificá-las e avaliar o resultado desejado. Permite modelarmos nós mesmos, pois dissociado, estamos nos vendo de fora.

DISSOCIAR significa sair de um **"campo psicogeográfico"**. Dissociar-se dele, para reduzir a sensação da emoção, tornando-a menos intensa. Também vamos trabalhar isso especificamente em cada técnica da PNL Sistêmica.

Preparei uma tabelinha resumo para ficar fácil o seu entendimento, vide abaixo:

ASSOCIADO	DISSOCIADO
Quando você revive uma experiência de forma que suas lembranças são formadas como se você estivesse vendo a partir dos SEUS OLHOS.	Quando você revive uma experiência do ponto de vista DO OBSERVADOR EXTERNO (mesmo que seja você).
Ouvindo com os SEUS OUVIDOS. Sentindo a partir do SEU CORPO.	Vendo um cinema, um filme passando na tela.
Como se você estivesse DENTRO DE VOCÊ.	**Uma posição perceptiva externa. Como se você estivesse FORA DE VOCÊ.**
Aqui você vê suas mãos, seus braços, sua barriga, seus pés. Afinal está vendo de dentro de você mesmo.	*Aqui você obrigatoriamente vê seu corpo inteiro. Afinal está vendo de fora.*

5.3. SISTEMAS REPRESENTACIONAIS

Nós interagimos com o ambiente que nos rodeia através dos órgãos dos sentidos. Todas as informações que chegam ao nosso cérebro são captadas pelo nosso sistema **visual (olhos)**, pelo nosso sistema **auditivo (ouvidos)** e pelo nosso sistema **cinestésico (olfato, paladar, tato e sensações)**.

> **NÃO HÁ OUTRA MANEIRA DE RECEBERMOS E TRANSMITIRMOS DO NOSSO INTERNO PARA O MUNDO EXTERNO QUE NÃO SEJA ATRAVÉS DA UTILIZAÇÃO DESTES CANAIS.**

Eles podem ser mais ou menos desenvolvidos, o que significa que grande parte da informação que chega até nós, é filtrada pelas limitações naturais dos nossos sistemas. Temos a tendência em privilegiar um desses sistemas em detrimento dos outros. Há pessoas que utilizam, o sistema visual com mais frequência que os outros sistemas. Outras que privilegiam o auditivo ou o cinestésico. Vale ainda ressaltar que também privilegiamos o uso de sistemas diferentes em situações distintas nas nossas vidas. Por exemplo, o visual quando estamos dirigindo e o auditivo quando estamos ouvindo música.

O objetivo é descobrir o seu canal principal e também descobrir o canal dominante no outro. Assim, como você já aprendeu que precisa entrar no MAPA da pessoa, para a comunicação fluir, você utilizará dos Sistemas Representacionais na hora do Rapport.

Uma maneira de detectar o canal representacional dominante de uma pessoa é ouvir ela falar, estando particularmente atento às palavras de base sensorial da pessoa. Quando uma pessoa descreve a sua EXPERIÊNCIA, ela seleciona (através do INCONSCIENTE) as palavras que representam melhor a sua experiência.

Aquele que lhe diz estar VENDO CLARAMENTE o centro da questão indica que naquele momento está construindo sua experiência interna de maneira VISUAL.

O que alega NÃO TER CONTATO com você ou que está sob MUITA PRESSÃO, indica que está avaliando a experiência que possui do relacionamento com você de modo CINESTÉSICO.

Já aquele que diz que está te OUVINDO EM CLARO E BOM SOM, está representando a sua experiência de modo AUDITIVO.

Alguns exemplos:

"Se você examinar com atenção a nossa proposta, verá que tentamos conciliar o seu ponto de vista e o nosso". (VISUAL)

"Acho que vamos nos defrontar com um problema difícil de carregar nos ombros.
É hora de manter os pés bem firmes no chão e ficarmos juntos". (CINESTÉSICO)

"Essa ideia vai gerar muito ruído. Acho melhor você ouvir o que tenho a dizer". (AUDITIVO)

Veja a tabelinha que preparei para você:

V - VISUAL	A - AUDITIVO	K - CINESTÉSICO
COR	**SOM**	**SENSAÇÃO**
Ver	Ouvir	Sentir
Revelar	Mencionar	Firme
Imagem	Perguntar	Pressão
Aparecer	Gritar	Reter
Perspectiva	Entoar	Mover
Ponto de Vista	Estridente	Fluir
Imaginar	Harmonia	Acentuar
Focalizar	Estalo	Endurecer
Prever	Ritmo	Impulso
Vista	Volume	Quente / Frio
Tamanho	Murmúrio	Doce / Salgado / Amargo
Claro / Escuro	Sintonia	Vibrante
Negro	Ecoar	Suave
Nítido	Soar	Tocar
Observar	Cantar	Umidade
Horizonte	Alarme	Bloqueio
Brilhante	Oral	Obstáculo
Panorama	Sou todo ouvidos	Gostoso
Mostrar	Escutar	Pegar
Te vejo depois	Me soa	Sacar
À luz de	Vocal	Equilíbrio
Fazer cena	Discutir	Adormecido
Imagem Mental	Falo contigo depois	Sólido

Aqui uma outra tabela de PISTAS NÃO-VERBAIS:

V - VISUAL	A - AUDITIVO	K - CINESTÉSICO
Prolixo na fala	Fala consigo mesmo	Expressa muito com o corpo
Observador	Gosta de música	Memoriza caminhando
Move as mãos	Fala ritmicamente	Prefere dramatizar / atuar
Cuida do seu aspecto	Pode repetir o escutado	Aprende fazendo
Boa ortografia	Memoriza procedimentos	Move o corpo / toca
Memoriza imagens	Aprende ouvindo	Toca-se, acaricia o corpo
Move os olhos/pálpebras	Move os lábios / Subvocaliza	Queixo e olhos para baixo
Queixo levantado	Toca / aponta os ouvidos	Respiração baixa
Olhos para cima	Respiração média	Sussurra, tom baixo, lento
Respiração alta	Recorda o que escuta	Recorda o que faz, sente
Voz alta e rápida	Soletra subvocalizando	Experimenta
Recorda o que vê	Leitura rítmica	Soletra com movimentos
Vê e soletra	Fala enquanto escreve	
Leitura veloz		
Olha enquanto escreve		

EXERCÍCIO:

Ouvir uma história do seu colega e anotar.

V - VISUAL	A - AUDITIVO	K - CINESTÉSICO

5.4. SUBMODALIDADES

As SUBMODALIDADES constituem a aplicação prática dos Sistemas Representacionais. A modalidade é o Sistema Representacional, ou seja, a modalidade Visual, Auditiva ou Cinestésica. Já a SUBmodalidade é o detalhamento de cada uma destas modalidades.

Quando estamos falando da Modalidade VISUAL, nós temos as Submodalidades brilho, luz, intensidade, cor, foco etc...

Quando estamos falando da Modalidade AUDITIVA, nós temos as Submodalidades de sons, tons, altura, volume, timbre etc...

E por fim, quando estamos falando da Modalidade CINESTÉSICA, nós temos as Submodalidade de sensações, de intensidade, de experiência, de forte e fraco, de frio e calor etc...

Enfim, mas para que serve essas Submodalidades? Lembra que o principal objetivo é criar um novo significado para as REPRESENTAÇÕES INTERNAS da pessoa? Pois bem, lembra ainda que as representações possuem cores, sons ou sensações? É isso! Quanto MAIOR a Submodalidade, maior está a intensidade do brilho, da luz, do som, do volume ou da sensação. Quanto MENOR a Submodalidade, menor estão estes itens citados anteriormente. Quanto MAIOR, maior a EMOÇÃO, quanto MENOR, menor a EMOÇÃO.

Portanto, se existe uma representação interna com uma Carga Emocional MUITO forte, e eu quero diminuir, eu diminuo as Submodalidades. Se é o contrário, eu aumento as Submodalidades.

Para tanto, eu preciso através do Rapport entrar no mapa da pessoa ou estar em processo hipnótico com ela, para saber qual SISTEMA REPRESENTACIONAL ela está utilizando e assim promover as alterações submodais.

Imagine que na mente da pessoa existe um PAINEL com botões, onde podemos subir e descer o VISUAL, o AUDITIVO e o CINESTÉSICO, e quando subimos, subimos também a emoção e quando descemos, descemos também a emoção. Em resumo:

1) VISUAIS (Aumentar ou Diminuir):

- Brilho / Luz / Luminosidade
- Intesividade
- Cores
- Foco

2) AUDITIVAS:

- Som
- Volume
- Tom
- Qualidade do Som

3) CINESTÉSICAS

- Sensação
- Intensidade
- Experiência

> Quando chegarmos na parte que lhe ensinarei os comandos hipnóticos e a linguagem de Milton Erickson, você irá perceber como fazemos as induções hipnóticas na PNL usando em conjunto a ASSOCIAÇÃO e DISSOCIAÇÃO com as SUBMODALIDADES. Esta abordagem é infalível e necessária para os processos de ressignificação.

5.5. CALIBRAGEM

As pessoas demonstram os seus estados internos de várias formas diferentes da comunicação verbal. Por exemplo, há pessoas que quando estão apreensivas fecham a boca comprimindo levemente os lábios e olham para baixo. Outras que quando não se importam com algo levantam os ombros e as sobrancelhas, torcendo o nariz. Lembre-se: isso porque mente e corpo estão interligados e formam um sistema único.

Perceber e interpretar corretamente estes sinais são capacidades extremamente úteis na comunicação e, por consequência, no relacionamento interpessoal. No nosso curso de Oratória com PNL ministrado em Serra Negra, detalhamos ainda mais estas posturas de comunicação não-verbal. Por hora, para dar início ao estudo da PNL basta perceber alguns sinais comuns, e assim "calibrar" o seu cliente, a outra pessoa, observando-a como age e reage. Tais informações lhe mostrarão caminhos para a sua abordagem, para o aprofundamento da hipnose ou da técnica que está sendo aplicada de PNL.

Alguns sinais comuns são:

1. Expressões Faciais

    a. Lábios

    b. Sobrancelhas

    c. Testa

    d. Nariz

    e. Movimentos Oculares

2. Respiração

    a. Profunda ou superficial

    b. Rápida ou lenta

3. Músculos do Corpo

    a. Soltos, relaxados

    b. Tensionados

4. Cor da Pele

5. Ombros, braços, mãos etc.

Um dos pontos principais de calibragem são os olhos. Você sabia que de acordo com o local onde a informação é processada no cérebro, o globo ocular se movimenta para esta direção? Pois bem, existem seis posições possíves dos olhos. E de acordo com o que a pessoa está pensando ou falando, os olhos (em 95% das vezes) se movimentam para estes lados. Veja a figura abaixo:

MOVIMENTOS **PROVÁVEIS** DOS OLHOS

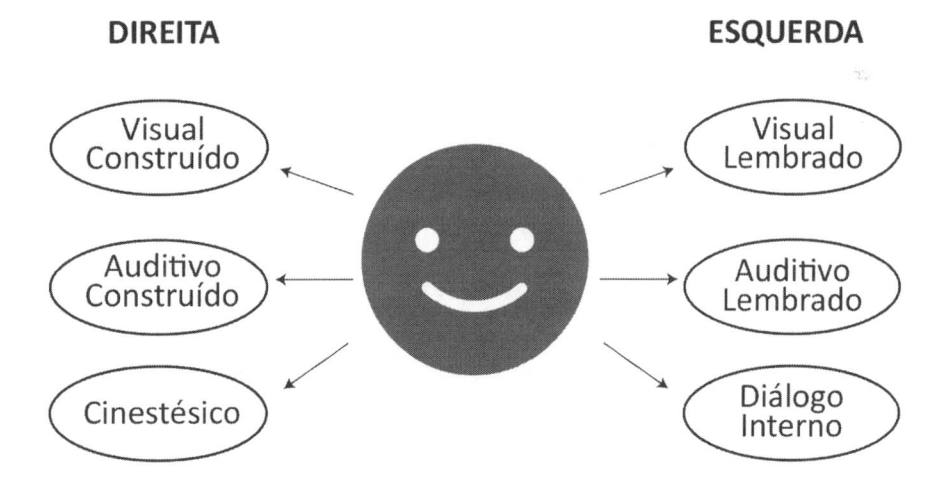

DIREITA   **ESQUERDA**

- Visual Construído
- Auditivo Construído
- Cinestésico
- Visual Lembrado
- Auditivo Lembrado
- Diálogo Interno

5.6. ANCORAGEM

Cada um de nós possui uma história de vida rica em estados emocionais. Nosso repertório vai da tristeza à alegria, do medo à coragem, do desânimo à determinação e à motivação, além de uma infinidade de outros estados possíveis no nosso mundo interno.

Lembrando a pressuposição da PNL: "As pessoas têm, ou podem criar, todos os recursos que necessitam para agir efetivamente", sabemos que cada um destes estados é criado a partir de recursos gerados pelo nosso próprio cérebro. Por mais que um acontecimento ou estímulo interno ou externo possa fazer com que esse estado emocional seja disparado no nosso corpo, ele é unicamente produzido por nós mesmos.

Quando olhamos uma fotografia de um evento feliz em nossas vidas e imediatamente o nosso estado emocional vai para a felicidade. Uma fotografia, um estímulo visual ELICIOU em nós um estado interno de felicidade.

Ou mesmo quando ouvimos uma determinada música e nos colocamos motivados, orgulhosos ou até mesmo tristes. A segurança e o amor que sentimos ao ouvir o tom de voz de uma determinada pessoa. Nossos estados emocionais internos foram eliciados por estímulos auditivos externos.

Podemos também sentir aquele cheirinho de comida da fazenda e nos sentirmos relaxados ou saudosos, ou nos colocarmos apaixonados após sentirmos um perfume que nos lembra de um momento especial que vivemos há muito tempo. Nesse caso, estímulos cinestésicos dispararam o gatilho para o nosso estado emocional interno.

Nosso cérebro e nosso corpo fazem este tipo de associações o tempo todo, onde estímulos externos, que podem ser estímulos visuais, auditivos ou cinestésicos, ou estímulos internos, como algum pensamento específico, nos remetem a um determinado estado fisiológico-emocional.

Na PNL, a estes estímulos externos e internos que citamos acima, que servem de gatilhos, damos o nome de **ÂNCORAS.**

Vamos agora detalhar um pouco como é que se criam as ÂNCORAS! Há duas maneiras possíveis. A primeira é por repetição. Se virmos muitas vezes a cor vermelha associada ao perigo, ela se torna uma âncora. Vermelho passa a significar perigo.

> **A segunda, e mais importante, é que se pode criar uma âncora instantaneamente se a emoção for forte e no momento certo.**

Nossa mente não pode evitar esse tipo de associação. O importante é perguntar se as associações que você fez e está fazendo são agradáveis, úteis ou fortalecedoras. Se você está tendo escolha sobre elas.

Âncoras nos levam a competência inconsciente. Nós não pensamos quando reagimos a uma âncora.

O grande poder das âncoras na PNL é que podemos utilizá-las para decidir previamente em que estado emocional gostaríamos de estar antes que um evento aconteça. Podemos por exemplo, instalar em nós mesmos uma âncora de segurança e ativá-la no momento em que formos fazer uma prova, e assim, nos sentirmos seguros exatamente no momento que precisarmos.

5.6.1. INSTALAÇÃO DA ÂNCORA

Para eliciarem um estado puro, as âncoras precisam ser instaladas no momento onde o sujeito estiver no estado de associação mais profundo. Se possível, deve começar a ser instalado um pouco antes deste momento e mantida até o momento de máxima intensidade, e aí interrompida.

As âncoras precisam ser:

1. Especiais e inconfundíveis;

2. Fáceis de serem repetidas com precisão;

3. Ligadas a um estado mental que possa ser claramente e completamente vivenciada.

Será necessário bastante treino da habilidade da percepção e calibração para ser capaz de identificar o melhor momento de aplicação da âncora.

É importante também, que a âncora seja reforçada continuamente. Desta forma, a cada vez que ela for utilizada, se tornará mais poderosa. Âncoras que não forem reforçadas ou estimuladas após certo período de tempo, tendem a perder seu efeito original.

O processo de ancoragem é uma técnica poderosa. Como toda técnica, os seus melhores resultados virão com muita prática. É preciso tempo para se tirar o melhor som de um instrumento musical.

Você vai perceber que utilizaremos as âncoras e o processo de ancoragem a todo tempo na PNL. Vamos então a técnica na próxima página. Basta seguir exatamente o passo a passo.

5.6.2. TÉCNICA PARA ANCORAGEM

> **OBJETIVO DA TÉCNICA:**
> *Criar e instalar uma âncora de poder, buscando um momento no passado para ancorar para uso no futuro.*

Passo a Passo:

Passo I - Estado Emocional Desejado

Peça a pessoa para ela determinar um ESTADO EMOCIONAL POSITIVO desejado (ex: confiança)

Passo II - Definição da "Âncora"

Defina com a pessoa (ela escolhe) um estímulo corporal singular e replicável.

Passo III - Buscar um momento passado onde o estado desejado estava presente.

- Coloque a pessoa em relaxamento

- Aprofunde o relaxamento

- Leve a pessoa até determinados momentos específicos da sua vida para que possa se lembrar de um momento no qual o estado emocional desejado estava presente

- Faça a pessoa reviver aquele momento como se fosse agora

- Aumente muito a intensidade da emoção

- Use:

"O que você está vendo?"   **"O que você está sentindo?"**

"O que você está ouvindo?"

Passo IV - Instale a Âncora

Associar o estado emocional com o estímulo definido no Passo II. Faça a pessoa disparar a sua âncora no ápice do estado e mantê-la por aproximadamente 10 segundos.

Passo V - Quebre o estado emocional

Traga a pessoa de volta e quebre o estado emocional (mude de foco, de assunto repentinamente)

Passo VI - Teste a Âncora

Coloque a pessoa no estado desejado novamente e mais uma vez dispare a âncora!

Passo VII - Repetição para Criar o Novo Caminho Neurológico

Repita os passos III, IV, V e VI pelo menos duas vezes.

Opcional:

Passo VIII - Visualização guiada com a Âncora

Peça para a pessoa determinar quando ela precisará utilizar este estado emocional (exemplo: em uma reunião, uma apresentação, um evento familiar...), leve a pessoa até o momento futuro e dispare a âncora junto com a visualização guiada. Traga-a de volta e pergunte: "Como você se sentiu?

Capítulo #06
A HIPNOSE ERICKSONIANA

A primeira coisa que tenho para te contar sobre HIPNOSE é que você não vai aprender uma ferramenta para fazer show ou fazer as pessoas darem risada, porque a Hipnose para nós é coisa séria e trabalhamos de uma forma profunda em processos de curas emocionais. Conforme já escrevi na introdução, também não separamos a PNL da Hipnose, para nós é uma coisa só, pois eu acredito que não há PNL bem-feita e profunda se não for em processos com transe hipnótico. Assim sendo, a partir de agora, até a sua formação completa em Practitioner em PNL Sistêmica na MEDA, você vai trabalhar com Hipnose.

A Associação Americana de Psicologia define a hipnose da seguinte maneira: "A hipnose é um procedimento durante o qual, um profissional de saúde, ou pesquisador, sugere a um cliente, ou outra pessoa, que vivencie mudanças em sensações, percepções, pensamentos e comportamentos".

O contexto hipnótico geralmente é estabelecido pelo procedimento de indução. Embora haja muitas induções hipnóticas diferentes, a maioria inclui sugestões de relaxamento, calma e bem-estar. Contém instruções para imaginar ou pensar sobre experiências agradáveis, ou sugestões para mudanças efetivas.

De acordo com **Stephen Paul Adler**, um dos grandes nomes da Hipnose Ericksoniana na atualidade:

"A hipnose é um estado alterado de consciência, produzida por meios naturais. É um estado naturalístico produzido com a cooperação da mente consciente".

Não deixa de ser um estado normal de atenção focalizada. Eu diria que estar hipnotizado é estar focado em algo.

O ESTADO DE TRANSE

1 - Mundo externo (lá fora) x mundo interno (dentro da minha mente).

2. ESTADO DE FOCO! Com atenção bastante dirigida.

3. Processo de INDUÇÃO.

4. Estado alterado de consciência!

5. Sugestão de mudanças de sensações, percepções, pensamentos ou comportamentos.

6. "Travar o consciente" e mergulhar no inconsciente! Aprofundamento no INCONSCIENTE.

Neste livro não vamos trabalhar com a Hipnose tradicional, chamada de Hipnose Clássica e sim com a Hipnose Ericksoniana, que ganha este nome em homenagem ao seu criador Milton Erickson, que já falamos um pouco dele no início deste livro.

6.1. A HIPNOSE DE MILTON ERICKSON

Milton Erickson observou que o transe hipnótico ocorria em cada um de nós, de forma espontânea, todos os dias em nossas vidas. **Todas as vezes que nós entramos em um estado altamente focado de atenção, nós estamos em transe.** Neste estado, que, na verdade, é um fenômeno natural, podemos ABSORVER ou RECEBER informações de maneiras extremamente PROFUNDAS, em muitos níveis diferentes.

INDICATIVOS FISIOLÓGICOS DE ESTADOS DE TRANSE

1- Relaxamento muscular

2 - Voz mais profunda

3 - Relaxamento dos músculos faciais

4 - Pulso e respiração mais lentos

5 - Olhos desfocados ou fechados

6 - Reflexos mais lentos

7 - Sensação de conforto

Segundo Milton Erickson, neste estado também nos tornamos capazes de acessar a riqueza de nossas informações, da nossa história passada, nossas crenças, enfim a sabedoria interior para instigar e integrar o autodesenvolvimento e mudanças duradouras e positivas.

O estado de transe ativa os níveis mais profundos de aprendizagem inconsciente.

Importante citar, que a Hipnose de Milton Erickson é o que chamamos de HIPNOSE PERMISSIVA. Temos também a HIPNOSE DIRETIVA, mais clássica, que usamos quando necessário para um efeito e resultado mais rápido.

ALGUMAS REAÇÕES QUE PODEM OCORRER EM ESTADO HIPNÓTICO:

1. AMNÉSIA - esquecimento de parte do transe

2. ANESTESIA - deleção da dor e desconforto

3. ALUCINAÇÃO - ver coisas que não estão de fato ali

4. CATALEPSIA - corpo na mesma posição por longos períodos

5. TETANIA - contrações musculares (geralmente em processos de respiração profunda)

6. REGRESSÃO - acesso ao passado, sentindo-se ou comportando-se de maneira infantil

7. VARIAÇÃO DA ORIENTAÇÃO DO TEMPO - sensação de tempo mais rápido ou mais lento

6.2. A HIPNOSE DIRETIVA E A PERMISSIVA

A **Hipnose Diretiva**, também conhecida como HIPNOSE CLÁSSICA:

1. Implica autoridade com sugestões e comandos diretos

2. O hipnólogo supõe o melhor caminho

3. O hipnólogo acrescenta recursos novos e perspectivas novas vindas de fora do cliente

Exemplos da Hipnose Diretiva:

"Você vai entrar em um transe profundo..."

"E ao abrir os olhos você não se lembrará do seu nome..."

"Seus olhos estão ficando cada vez mais pesados..."

"Eu vou contar de 1 até 10 e quando eu chegar no 10 você estará em transe profundo"

"Você pode se lembrar do primeiro momento que sentiu esta dor"

"Quando eu estalar os dedos você abre os olhos"

Já a *Hipnose Permissiva*, também conhecida como HIPNOSE ERICKSONIANA:

1. Aqui o inconsciente "acha" que está escolhendo.

2. É MAIS FÁCIL E BONITA!

3. Implica confiança e cumplicidade entre o Hipnólogo e o seu cliente

4. Hipnólogo e cliente encontram juntos um caminho para o aprofundamento

5. "No seu tempo, do seu jeito, no seu ritmo, a sua maneira..."

6. "PODE, PODERÁ, PODERIA, TALVEZ..."

Exemplos da Hipnose Permissiva:

"Você pode entrar no transe o quanto for adequado pra você agora..."

"Não há um jeito certo e nem errado de se curar. Você pode encontrar o seu próprio jeito enquanto entra no transe"

"Seus olhos podem estar ficando pesados. Você pode deixá-los abertos ou pode decidir fechá-los no momento mais apropriado."

"Eu vou contar de 1 até 10 e quando eu chegar no 10 você pode ir para o lugar mais adequado para o seu crescimento neste trabalho. Lembrar-se do que tiver que lembrar ou não lembrar de nada..."

"Você pode ir para onde você quiser. Você pode mudar minhas palavras se quiser, para que elas lhe ajudem o máximo que precisar..."

NA PERMISSIVA, O CLIENTE TEM A RESPOSTA, VOCÊ SÓ PRECISA FACILITAR!

Com base nos conceitos que eu já trouxe para você sobre Hipnose, nós já podemos treinar algumas abordagens simples, porém profunda e completa da Hipnose Ericksoniana. Nas próximas páginas eu coloquei a descrição de algumas técnicas para você praticar.

6.3. TÉCNICA DO RELAXAMENTO

OBJETIVO DA TÉCNICA:

Para trazer bem-estar, paz interior e relaxamento. Ideal para começar uma sessão de coaching, de PNL, ou um processo terapêutico. Ideal para descansar, dormir, acalmar a ansiedade. Trazer um estado de recursos positivos e tranquilos.

PASSO A PASSO:

1. RAPPORT
2. Peça para a pessoa sentar-se confortavelmente
3. Descruzar pernas, braços e mãos
4. Colocar os 2 pés no chão e fechar os olhos
5. Deixar ela tranquila, avisando que você fará um relaxamento.
6. Inicia-se uma música lenta e calma
7. Promova uma respiração profunda 3 vezes (Rapport)
8. Inspire CONFIANÇA e SEGURANÇA
9. Inicie o relaxamento de cada membro do corpo (pés, pernas, quadril, costas, ombros, pescoço, braços, mãos, rosto, maxilar, olhos, cabelos...) BEM LENTAMENTE!

   - HIPNOSE: "quando mais você ouve minha voz, mais..." - "quanto mais você ouve esta música, mais..."

   - HIPNOSE: "talvez..." - "perceba"... - "isso..." - "assim..."

10. Deve-se terminar com a voz baixa e lenta... em estado de quase letargia
11. Deixe um tempo a pessoa sentir o relaxamento

12. Comece a trazer ela de volta, sugerindo movimentar lentamente os pés, pernas, pescoço... abrindo os olhos "quando for confortável" e voltando MUITO BEM, MUITO TRANQUILO, em PAZ!

6.4. TÉCNICA PARA REDUZIR UMA DOR FÍSICA

OBJETIVO DA TÉCNICA:

Trabalhando com Hipnose Ericksoniana e as Submodalidades, o objetivo é trazer bem-estar apoiando na redução de uma dor física. Serve para dor de cabeça, dor nas costas... serve ainda para uma sensação de ansiedade, de irritação etc. O objetivo não é curar a dor, porém é amenizar a dor para conseguir mais recursos para tratar a causa posteriormente.

PASSO A PASSO:

1. Peça para a pessoa falar CONSCIENTEMENTE sobre a DOR

2. Peça um NÚMERO da intensidade da dor

3. Coloque a pessoa em estado de relaxamento

4. Peça para ela uma COR, uma FORMA e uma sensação para a dor (Submodalidades)

5. Trabalhe as submodalidades: pergunte uma COR, FORMA ou SENSAÇÃO que a pessoa deseja

6. Coloque a DOR e suas submodalidades em uma mão

7. Coloque a SENSAÇÃO DESEJADA e suas submodalidades em outra mão

8. Promova a mudança de um lado para o outro conduzindo a mudança das submodalidades (enquanto faz isso, intensifique o relaxamento)

9. Traga a pessoa de volta

10. Pergunte agora o novo número da intensidade da dor

6.5. TÉCNICA PARA APROFUNDAR O RELAXAMENTO

OBJETIVO DA TÉCNICA:

O objetivo é colocar alguns elementos a mais para a sua prática, de forma a obter um relaxamento ainda aprofundado. Podemos, após trazer o relaxamento, ir mais fundo na indução hipnótica e eliciar um ESTADO DESEJADO pelo cliente / paciente.

Passo a Passo:

1. RAPPORT

2. Peça para a pessoa sentar-se confortavelmente

3. PERGUNTE COMO ELA GOSTARIA DE SE SENTIR APÓS O RELAXAMENTO (estado desejado)

4. Descruzar pernas, braços e mãos

5. Colocar os dois pés no chão e fechar os olhos

6. Deixar ela tranquila, avisando que você fará um relaxamento UM POUCO MAIS PROFUNDO

7. Inicie o relaxamento de cada membro do corpo (pés, pernas, quadril, costas, ombros, pescoço, braços, mãos, rosto, maxilar, olhos, cabelos...) BEM LENTAMENTE!

- HIPNOSE: "quanto mais você ouve minha voz, mais..." - "quanto mais você ouve esta música, mais..."

- HIPNOSE: "talvez..." - "perceba..." - "isso..." - "assim..."

8. INICIE A SEGUNDA FASE DO RELAXAMENTO, gerando APROFUN-DAMENTO:

- Contagem de 1 a 10 ou

- Descendo uma escada

- Ou mergulhando em um lago

9. Confira a FISIOLOGIA e a CALIBRAGEM
10. Promova neste momento o ESTADO DESEJADO
11. Deixe um tempo a pessoa sentir a mudança
12. Comece a trazer ela de volta, promovendo a SUBIDA

- Realize o processo inverso que você promoveu para descer

- Sugira movimentar lentamente os pés, pernas, pescoço... abrindo os olhos "quando for confortável" e voltando COM O ESTADO DESEJADO

6.6. MODELO MILTON

Para facilitar o nosso trabalho, bem como convencionar o trabalho de aplicação da PNL com a Hipnose Ericksoniana, quando Bandler e Grinder modelaram Milton Erickson, eles criaram o que chamaram de "Modelo Milton". O modelo é um grande resumo das frases e abordagens que Milton Erickson utilizava. Eu diria que esta página do seu livro é uma grande relíquia, e vale ser estudada e aplicada integralmente.

LINGUAGEM DELETADA (OMISSÃO)

1. PESSOAS NÃO ESPECIFICADAS - "Você pode se lembrar de <u>pessoas muito especiais</u> em sua vida"

2. VERBOS NÃO ESPECIFICADOS - "Relaxa agora da <u>sua própria maneira</u>"

3. JULGAMENTOS E SUPOSIÇÕES - "Crianças devem ser amadas pelos pais. - "Você tem sido um vencedor"

LINGUAGEM DISTORCIDA

1. EQUIVALÊNCIA - "Enquanto você <u>fecha os olhos</u>, você pode começar a <u>entrar em transe</u>"

2. ADIVINHAÇÕES - "Você vai se surpreender com os resultados que vai encontrar... "Você fará uma descoberta incrível..."

3. PRESSUPOSTOS (o Hipnólogo pressupõe determinadas coisas que vão acontecer: lembrar, relaxar, aprender...)

LINGUAGEM GENERALIZADA

1. UNIVERSAIS - "Nós podemos aprender <u>tudo</u> o que quisermos com o nosso inconsciente..." "Você <u>sempre</u> encontrará..."

2. REGRA DE NECESSIDADE - "Talvez você <u>deva</u> sempre buscar o melhor de si..."

3. REGRA DE POSSIBILIDADE - "Você <u>pode</u> agora se tornar cada vez mais confiante..."

MODELO MILTON em quatro passos!

1. Acompanhe a experiência da pessoa (RAPPORT)
2. Conduza ao transe
3. Distraia a mente consciente
4. Acesse recursos inconscientes

DISTRAÇÃO DA MENTE CONSCIENTE

COMANDO EMBUTIDO *(utilizando tonalidade e velocidade da voz)*

"E não é preciso que você FECHE OS OLHOS enquanto ouve a minha voz, e nem RESPIRE de maneira diferente e nem que pense PROFUNDAMENTE sobre o que ouve" *(feche os olhos, repire profundamente)*

INCORPORAÇÃO DE EVENTOS *(tudo o que acontece deve ser usado para o transe)*

"E ouvir o barulho da chuva pode lhe ajudar a entrar ainda mais em transe..."

REFORÇO POSITIVO *(incentiva a continuar)*

"Isso mesmo. Muito bem. Você está indo muito bem"

PERGUNTAS EMBUTIDAS (a mente consciente não resiste...)

"Eu sempre me pergunto..." "Eu me pergunto se você gostaria agora..."

COMANDO NEGATIVO (o inconsciente não compreende o NÃO)

"Você NÃO precisa relaxar mais do que isso" "Você NÃO precisa mudar nada na sua vida"

CITAÇÕES (confunde o consciente...)

"Buda costumava dizer que nós devemos..."

METÁFORAS (falar com alguém como se não fosse ele...)

"Uma pequena princesa..."

6.7. O PODER DAS METÁFORAS

Milton Erickson sentia que nossos padrões de interação e nossos comportamentos frequentemente são o resultado de uma "aprendizagem incompleta". Sempre que estamos aprendendo algo novo, com muita frequência o processo de aprendizagem é interrompido e raramente temos a chance de voltar ao ponto em que fomos interrompidos e dar continuidade àquela aprendizagem. Portanto, a maioria das nossas aprendizagens é deixada em vários estágios de incompletude.

Baseamos muitos de nossos comportamentos nessas informações incompletas. Nossas ações e reações baseadas na aprendizagem "incompleta" tornam-se muito menos efetivas do que poderiam e deveriam ser.

Assim, histórias, metáforas e citações nos ajudam indiretamente a completar muitas dessas aprendizagens. Quem conta as histórias não precisa saber que informação está incompleta para ser efetivo.

Paul Adler diz que:

> *"A mente inconsciente é programada para aprender e evoluir, e ela encontrará o que precisa nas histórias e metáforas para tornar nossa aprendizagem mais completa. Com informações mais completas, nosso comportamento automaticamente muda e se altera de maneiras mais positivas.*

Completamos ainda com **Carl Jung**:

> *"A mente inconsciente do homem vê corretamente mesmo quando a razão consciente é cega e impotente".*

Portanto, escreva, leia, colecione metáforas!

6.8. TÉCNICA DO ENSAIO MENTAL

OBJETIVO DA TÉCNICA:

O objetivo é fazer com o que o seu cliente possa se imaginar daqui 2, 5 ou 10 anos conquistando seus resultados. É um ensaio, chamamos de Ensaio Mental. A ideia é fazer com que ele busque recursos internos para desenvolver seu futuro. O ideal é você usar 3 músicas, a primeira para relaxar, a segunda com uma pegada mais profunda e a terceira mais agitada e de elevação.

PASSO A PASSO:

PASSO I - COLOCAR A PESSOA NO ESTADO NECESSÁRIO (RELAXAMENTO)

1. Peça para a pessoa fechar os olhos

2. Inicia uma música lenta e calma

3. Respiração profunda e lenta 3 vezes para alterar o estado emocional anterior

4. Informe sobre o que irá fazer e inspire CONFIANÇA e SEGURANÇA

5. Inicie o relaxamento de cada membro do corpo (pés, pernas, quadril, costas, ombros, pescoço, braços, mãos, rosto, maxilar, olhos, cabelos...)

6. HIPNOSE: "quanto mais você ouve minha voz, mais..." - "quanto mais você ouve está música, mais..." - "talvez..." - "perceba..." - "isso..." - "...assim..."

7. Deve-se terminar com a voz baixa e lenta... em estado de quase letargia.

PASSO II - CRIAR O "LOCAL SECRETO"

1. Lembre-se de manter os olhos fechados. MUDE A MÚSICA.

2. Agora você tem a pessoa sob seu domínio, conduza até o "local secreto" (o local deve ser lindo... calmo... vazio).

3. "Imagine agora você caminhando lentamente em uma... praia, mata, gramado..." - "veja..." - "sinta..." - "ouça..."

4. Faça com que a pessoa crie na mente um local seguro, em paz, tranquilo... Peça para a pessoa que caminhe para este lugar... Sente-se!

5. Avise-a que é neste lugar que ela guarda todos os seus segredos, todos os momentos de emoção que já viveu na vida (NESTE MOMENTO SÓ FALE DE EMOÇÕES DE FORÇA, CORAGEM, FÉ, SEGURANÇA).

6. Peça para criar uma tela "real ou imaginária" na sua frente.

7. Avise-a que ela verá fotos ou filmes de momentos importantes da sua vida.

8. Avise-a que nesta tela ela terá a possibilidade de criar um novo filme, novas fotos de um futuro PERFEITO!

PASSO III - BUSCAR RECURSOS / EXPERIÊNCIAS ANTERIORES

1. Agora, nesta tela, VEJA, SINTA, OUÇA (momentos em que estava: FELIZ, SEGURO, CONFIANTE, FORTE...)

2. Respire... respire mais rápido, mais forte... (coloque o cliente em estado altamente potencializado)

3. Faça reviver o momento passado, respirando, sentindo, ouvindo, vendo ("deixe a emoção tomar conta")

4. Deixe o estado emocional cair um pouco e faça ela perceber que pode CRIAR isso, um NOVO MOMENTO...

PASSO IV - ENSAIO MENTAL (NOVO ESTADO EMOCIONAL / NOVA EXPERIÊNCIA)

1. Comece a conectá-la com todos os seus objetivos, metas, forças, competências, tarefas...

2. Suba o estado emocional novamente e inicie o ENSAIO...

3. Faça-a sentir conquistando... Faça-a criar na TELA MENTAL as suas conquistas... IMAGINE... 1 ano... 5 anos...

4. Peça para ela se ver (AINDA DISSOCIADA), peça para ela sentir, ouvir...

5. Faça-a AGRADECER... Faça-a perceber que valeu a pena... que foi difícil talvez, mas valeu... PESSOAS AMADAS...

6. Faça-a entrar DENTRO DELA (Momento auge - ASSOCIADO) - 10 anos... Veja através dos seus olhos!

7. Potencialize a emoção, o sentimento, a emoção, a visão, a audição... Eleve cada vez mais...

8. Faça-a agradecer a ela, as pessoas que ama. Coloque no TOPO!

9. Termine e volte ao estado normal... peça para abrir os olhos.

Capítulo #07
OS NÍVEIS NEUROLÓGICOS

Enfim, chegamos na estrutura que define a PNL Sistêmica. Ou seja, a partir deste ponto do curso, até o final da sua formação, no PNL Nível 2, 3 e o 4 estudados na MEDA, os NÍVEIS NEUROLÓGICOS abre a frente do caminho SISTÊMICO.

Eu diria que entender a pirâmide dos Níveis Neurológicos da PNL, com a base da Hipnose Ericksoniana, mais as estruturas que eu já lhe ensinei nas páginas anteriores deste livro, você já terá as ferramentas necessárias para criar até as suas próprias técnicas da PNL se você quiser. Claro que vai requerer anos e anos de prática. Porém tudo o que você precisa está a sua disposição.A partir de um modelo inicialmente proposto por Gregory Batenson, que citamos no começo deste livro, Robert Dilts elaborou o conceito dos NÍVEIS NEUROLÓGICOS na PNL, que, com a união dos "CAMPOS" de energia, inaugurou a PNL Sistêmica. Ele propôs que o sistema nervoso humano realiza o seu processo de aprendizado, comunicação e mudança segundo uma organização em diferentes níveis.

Existe, segundo ele, uma lógica na nossa neurologia, por isso neurológicos. Embora toda pessoa mude organicamente, sistemicamente, nossos pensamentos e atitudes podem ser separados por NÍVEIS que compõem uma ESCALA HIERÁRQUICA.

> **UMA MUDANÇA EM UM NÍVEL INFERIOR PODE ALTERAR A ESTRUTURA DE UM NÍVEL SUPERIOR, EMBORA NÃO NECESSARIAMENTE. UMA MUDANÇA EM UM NÍVEL SUPERIOR DETERMINA MUDANÇAS EM TODOS OS NÍVEIS ABAIXO DELE.**

7.1. A ESCALA DE NÍVEIS

São 6 níveis em escala que determinam os níveis neurológicos de Dilts:

ESPIRITUAL – Quem mais é afetado pela minha missão?

IDENTIDADE – Quem eu sou? Qual a minha missão?

CRENÇAS e VALORES – Por que eu faço o que faço? O que me motiva?

CAPACIDADES – Como eu faço o que faço? Quais são minhas habilidades?

COMPORTAMENTOS – O que eu faço? Como costumo reagir às coisas?

AMBIENTE – Onde eu faço o que faço? Quando eu faço?

Na sequência, uma figura completa dos níveis neurológicos.

Eu Maior

Transmissão	ESPIRITUALIDADE	Quem mais?
Missão	IDENTIDADE	Quem?
Motivação Permissão	CRENÇAS | VALORES	Por que?
Estratégia	HABILIDADE | CAPACIDADE	Como?
Ação	COMPORTAMENTO	O que?
Limites	AMBIENTE	Quando? Onde?

No **CENTRO** os nomes dados a cada nível.

Na **ESQUERDA** o que eles representam na nossa neurologia.

Na **DIREITA** as perguntas para o processo de mudança (a base do mundo do *Coaching*)

7.2. ENTENDENDO NA PRÁTICA OS NÍVEIS NEUROLÓGICOS

Vamos ver um exemplo prático (do próprio Robert Dilts) sobre cada nível da pirâmide:

EU não posso fazer isso aqui. (Identidade)

Eu **NÃO POSSO** fazer isso aqui. (Crenças)

Eu não posso **FAZER** isso aqui. (Capacidade)

Eu não posso fazer **ISSO** aqui. (Comportamento)

Eu não posso fazer isso **AQUI**. (Ambiente)

Não adianta nada você mudar de AMBIENTE e levá-lo com você. Os problemas tendem a se repetir se por acaso estiverem sendo ocasionados por seus COMPORTAMENTOS, suas CRENÇAS, ou uma HABILIDADE que você ainda precisa desenvolver.

Já as mudanças nos níveis mais altos da pirâmide são bastante poderosas e geram consequências em cascata em todos os níveis inferiores. Quando seguimos nossos VALORES e transformamos nossas CRENÇAS, transformamos por cascata nossas CAPACIDADES, COMPORTAMENTOS e percepção do AMBIENTE.

Desta forma, a aplicação prática dos níveis neurológicos na nossa vida, na terapia, no coaching, na elaboração de objetivos são:

1. Você precisa de mais informação sobre a situação (AMBIENTE)

2. Você tem informações, mas não sabe o que fazer (COMPORTAMENTO)

3. Você sabe o que fazer, mas duvida da sua capacidade (CAPACIDADE)

4. Você sabe que tem capacidade, mas pensa que não é importante (CRENÇAS e VALORES)

5. Você pensa que é importante, mas simplesmente não é você (IDENTIDADE)

149

6. Você acredita que é você, mas isso não se conecta com nada, com além disso (ESPIRITUALIDADE).

Com base nisso tudo, Robert Dilts propõe uma linda técnica que reúne os Níveis Neurológicos, Posições Perceptivas, Campos Psicogeográficos e Linha do Tempo.

7.3. TÉCNICA DOS NÍVEIS NEUROLÓGICOS

OBJETIVO DA TÉCNICA:

O objetivo é fazer com que a pessoa ande em cada nível sentindo o campo em cada um dos espaços. Iniciamos no AMBIENTE, subimos para o COMPORTAMENTO até chegar na IDENTIDADE, fazendo com que a pessoa sinta como é a vida dela hoje (pessoal e profissionalmente). Quando chega na ESPIRITUALIDADE, vem descendo projetando um futuro novo e lindo, até chegar no AMBIENTE.

PASSO A PASSO:

1. Crie as 6 áreas psicogeográficas

2. Entre nos campos de energia

3. De baixo pra cima, caminhe visitando sua vida hoje

4. Marque, ancore cada estado emocional. Traga um símbolo

5. Inicie no AMBIENTE e vá até a IDENTIDADE olhando o HOJE

6. Entre no campo da ESPIRITUALIDADE

7. Marque, ancore e traga um símbolo

8. Vire a pessoa 180° e prepare a mesma para desenhar na mente o "futuro desejado"

9. Volte de cima pra baixo potencializando

10. Inicie na ESPIRITUALIDADE e vá até o AMBIENTE

11. Faça um empilhamento de âncoras na volta

Capítulo #08
AS TÉCNICAS DO NÍVEL 1
Despertar

Epara finalizar o nosso curso, além das técnicas apresentadas anteriormente, vamos às três técnicas que efetivamente compõem a sua formação no nível 1 da PNL Sistêmica. Cabe ressaltar, conforme já foi explicado anteriormente, que o nosso curso na MEDA envolve técnicas tanto do nível Practitioner como do nível MASTER PRACTITINONER. Ou seja, a nossa formação já envolve técnicas com caráter master logo no primeiro módulo, com o objetivo de lhe entregar conteúdo altamente relevante e não vos deixar perder tempo com técnicas que não vão efetivamente curar o ser humano.

Portanto, vamos agora estudar as seguintes técnicas:

A. Acolhimento de Sentimentos Difíceis

B. Posições Perceptivas

C. Reimprinting

8.1. ACOLHIMENTO DE SENTIMENTOS DIFÍCEIS

Por **Virginia Satir**

OBJETIVO DA TÉCNICA:

O objetivo desta técnica é ajudar o seu cliente a acolher / abraço um sentimento que geralmente ele não gosta nele mesmo. São para questões mais profundas, dores emocionais como Raiva, Medo, Insegurança, Vergonha etc...

PASSO A PASSO:

1. Fecha os olhos, entra no Campo P1, onde tem o sentimento difícil.

2. Deixa o sentimento vir. Pergunta: **"Como você está se sentindo?"**

3. Marca, ancora, sai do campo e quebra o estado. Abre os olhos!

4. Fecha os olhos, entra no Campo P2 e olhe para P1.

5. Pergunta: **"Como você se sente por sentir isso (P1)?"**

6. Marca, ancora, sai do campo e quebra o estado. Abre os olhos!

7. Fecha os olhos, entra no Campo P3. ZONA DE EXCELÊNCIA

8. Pergunta: **"Que RECURSOS você precisa para abraçar e acolher tais sentimentos (P1 e P2)?"**

9. Mantenha os olhos fechados, vá até o P2, traga o que veio do P3 (Zona de Excelência) e ACOLHE o sentimento P2.

10. Pergunte: **"Como ou o que você sente aí agora? "**

11. Ainda com os olhos fechados, vá agora até o campo P1 (carregando o que apareceu no P2), traga este novo sentimento para P1 e ACOLHE o sentimento P1.

12. Faça a pergunta final: **"Como você se sente agora"?**

13. Abra os olhos.

Figura representativa da Técnica "Acolhimento de Sentimentos Difíceis" de Virginia Satir.

Entra, e daqui vem voltando e acolhendo!

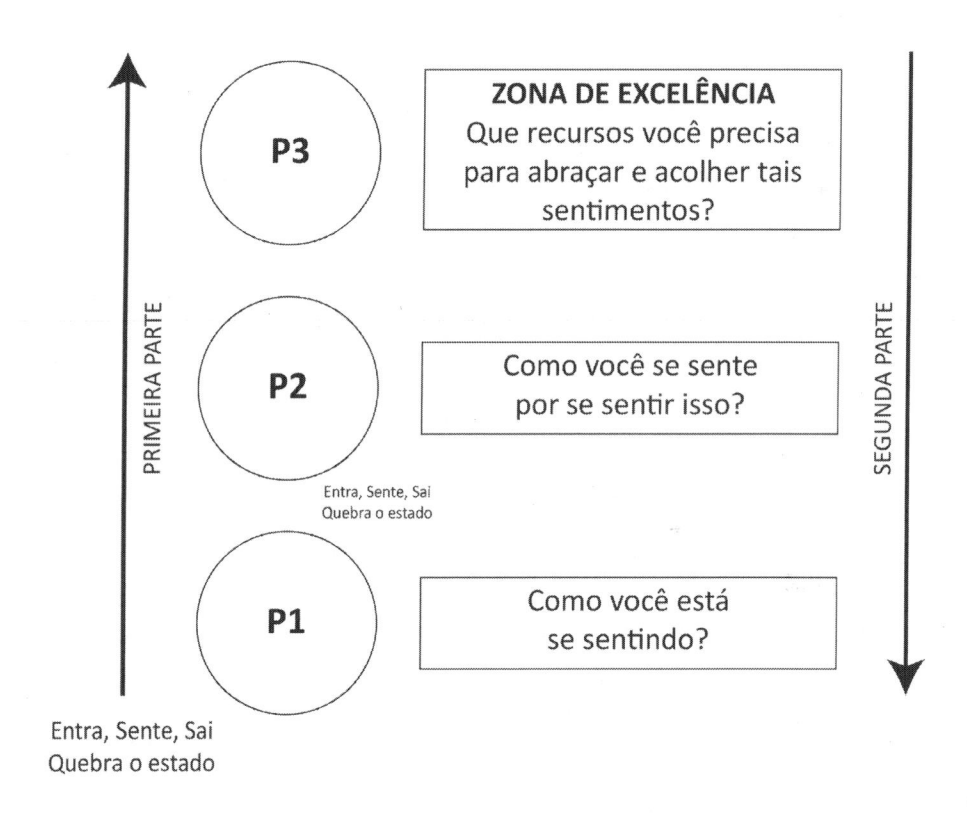

PRIMEIRA PARTE

P3 — **ZONA DE EXCELÊNCIA** Que recursos você precisa para abraçar e acolher tais sentimentos?

P2 — Como você se sente por se sentir isso?

Entra, Sente, Sai
Quebra o estado

P1 — Como você está se sentindo?

Entra, Sente, Sai
Quebra o estado

SEGUNDA PARTE

8.2. POSIÇÕES PERCEPTIVAS

Por **Robert Dilts** com base em **Virginia Satir**

OBJETIVO DA TÉCNICA:

O objetivo desta técnica é trabalhar relacionamentos conflitantes, em casa (família), no trabalho, no relacionamento amoroso, oferecendo uma nova oportunidade de enxergar o conflito sobre pontos de vistas que não é o seu.

PASSO A PASSO:

POSIÇÃO (P1): Eu, minhas crenças, meus filtros, meu mapa, minha qualidade emocional.

POSIÇÃO (P2): Percepção do mundo a partir do outro. Ver o mundo pelo mapa do outro.

POSIÇÃO (P3): Ponto de vista do observador. Sem se envolver com as emoções do 1º e do 2º.

POSIÇÃO (P4): De fora do sistema. Observa o sistema todo!

TÉCNICA

1. Busque com a pessoa um problema / conflito de relacionamento

2. Anote os nomes dos envolvidos (P1, P2 e P3)

3. Peça para pensar no momento de tensão

4. Traga um conflito e um problema específico

5. Escolher os ESPAÇOS PSICOGEOGRÁFICOS

6. Feche os olhos

7. ENTRE NA P1 / entre no conflito e aprofunde (níveis neurológicos, corpo e energia)

8. Aprofunde muito...

9. Marcar: peça para "tirar uma foto"deste momento, do corpo, da cena, da sensação.

10. Sai da cena.

11. Quebre o estado

12. Feche os olhos

13. ENTRE NA P2 / veja você mesmo na sua frente

14. Assuma a postura, as crenças, os pensamentos do outro.

15. Olhe pra "você"na posição P1 e descreva seus sentimentos e percepções com relação a ele

16. Marcar: peça para "tirar uma foto" deste momento, do corpo, da cena, da sensação.

17. Sai da cena.

18. Quebre o estado

19. Feche os olhos

20. VÁ PARA P3 / perceba este relacionamento como se estivesse assistindo um filme e da interação entre P1 e P2. Passe por todas as perspectivas possívels dos dois lados e chegue às INTENÇÕES POSITIVAS de ambas as partes.

21. Sai da cena.

22. Quebre o estado

23. Vá agora para P4 e olhe de fora do sistema e tire todo o aprendizado possível

8.3. REIMPRINTING
Por **Robert Dilts** e **Judith Delozier**

OBJETIVO DA TÉCNICA:

O objetivo desta técnica é mergulhar profundo em um trauma do passado, em um processo de regressão geralmente na infância, criando um novo significado para um fato traumático.

PASSO A PASSO:

1. Identifique a sensação que você tem e que está relacionada com a situação limitante.

2. Entre no momento atual (HOJE) da sua linha do tempo olhando para o futuro, de costas para o passado.

3. Caminhe para trás no seu ritmo, use a sensação como referência para encontrar momentos no seu passado onde ela estava presente.

4. A cada momento que você sentir que chegou a um evento onde a sensação estava presente, pare e perceba o quão relevante foi a situação. Identifique as crenças que estavam associadas ali.

5. Vá voltando até chegar no momento da primeira cena, aquela a partir da qual a sensação se torna presente.

6. Sinta (viva o veneno, o programa).

7. Saia, quebre o estado!

8. Entre novamente na cena e reviva em detalhes. Veja as pessoas envolvidas, o contexto, a situação.

9. Saia novamente. Quebre o estado.

10. Veja agora na P1 e sim de uma P de observador. Observe o efeito que o imprinting teve na sua vida naquele momento. Descubra a

intenção positiva e comece a RESSIGNIFICAR cada fala, cada crença, cada pessoa. Enfim toda a cena.

Entre na cena e altere tudo! Adicione recursos. Ancore! Respeite a intenção positiva. Integre e acolha. Saia e quebre o estado.

Volte para o momento da linha. Reviva a nova cena com os novos recursos! Se precisar adicione mais. Caso contrário perceba todas as mudanças e QUAL A NOVA CRENÇA!

Dê um passo atrás no momento anterior ao Imprinting e quando for adequado comece a caminhar dali em diante até chegar no futuro!

Referências

Segue uma lista completa de livros que utilizo para aprofundar meus estudos sobre a PNL, que recomendo a leitura, caso também queira aprofundar-se. Eu preferi não seguir nenhuma norma e sim organizar os livros por áreas ou autores.

BASES DA PNL:

1. **"A estrutura da magia"** – Richard Bandler e John Grinder – Editora LTC

2. **"Usando a mente"** - Richard Bandler e John Grinder – Summus Editorial

3. **"Ressignificando"** - Richard Bandler e John Grinder – Summus Editorial

4. **"Sapos em Príncipes"** - Richard Bandler e John Grinder – Summus Editorial

5. **"Crenças"** – Robert Dilts – Summus Editorial

6. **"Introdução a Programação Neurolinguística"** – Joseph O'Connor e John Seymour – Summus Editorial

7. **"Treinando com a PNL"** – Joseph O'Connor – Summus Editorial

8. **"Manual da Programação Neurolinguística"** - Joseph O'Connor – Summus Editorial

HIPNOSE:

9. **"Hipnose Ericksoniana"** – Stephen Paul Adler, Ph.D. – Editora Qualitymark

10. **"Uma abordagem Ericksoniana para um inconsciente inconformado"** - Stephen Paul Adler, Ph.D. – Editora Leader

PNL PRÁTICA:

11. **"Poder sem Limites"** – Anthony Robbins – Editora Best Seller

12. **"Desperte seu Gigante Interior"** – Anthony Robbins – Editora Best Seller

13. **"Passos de Gigante"** – Anthony Robbins – Editora Best Seller